Gesundheitsdiktatur

1. Auflage Oktober 2020

Copyright © 2020 bei
Kopp Verlag, Bertha-Benz-Straße 10, D-72108 Rottenburg

Alle Rechte vorbehalten.

Lektorat: Christina Neuhaus
Umschlaggestaltung: Stefanie Huber
Satz und Layout: opus verum, München

ISBN: 978-3-86445-777-7

Gerne senden wir Ihnen unser Verlagsverzeichnis
Kopp Verlag
Bertha-Benz-Straße 10
D-72108 Rottenburg
E-Mail: info@kopp-verlag.de
Tel.: (0 74 72) 98 06-10
Fax: (0 74 72) 98 06-11

Unser Buchprogramm finden Sie auch im Internet unter:
www.kopp-verlag.de

Dr. C. E. Nyder

Gesundheits-
diktatur

Bill Gates' Angriff
auf die Demokratie

KOPP VERLAG

Bildnachweis:

Widmung

Den Müden, Armen und
geknechteten Massen,
die frei zu atmen begehren

Inhalt

»Jeder wird von meiner Meinung
überzeugt sein.«[1]
Bill Gates am 27.04.2020 in einem Interview mit Esra Klein

Präludium

Es ist ein Tag wie jeder andere in Manyogaseka in Uganda. Jane und die anderen Mitglieder ihres Stammes gehen ihren alltäglichen Geschäften nach. Die Kinder spielen, die Erwachsenen bewirtschaften die Felder, hüten ihre Ziegen und Kühe, reparieren die Hütten oder sammeln Früchte. Gegen Mittag, wenn die Hitze zu groß ist, ziehen sich die Menschen in den Schatten zurück, aus dem sie am Nachmittag wieder hervorkommen. So ist es seit Generationen Brauch und auch am heutigen Tag. Nichts ist ungewöhnlich oder anders.

Und doch ist alles anders. Jane berichtet:»Leute mit Macheten und Gewehren kamen und vernichteten zuerst unseren Besitz. Häuser wurden zerstört, auch mein eigenes, die Felder verbrannt, keine Bananenpflanze überlebte, im gesamten Dorf nicht. Wir konnten uns nicht wehren, das Gesetz half uns nicht, also mussten wir fliehen.«[2] Heute lebt Jane in einem der Armenviertel von Kampala. Um ihre Kinder zu ernähren, bleibt ihr nur eine Möglichkeit. Kampala ist die Hauptstadt der Prostitution in Afrika. Junge Frauen werden von hier aus nach Algerien, Saudi-Arabien, Ägypten, Katar und die Türkei verkauft.

Abb. 1: Blutiger Streit um Landrechte: Bewohner begutachten das Ausmaß der Zerstörung ihrer Häuser durch die Brände.

Einleitung

Nur die Lüge braucht die Staatsgewalt.
Die Wahrheit steht von alleine aufrecht.

(Thomas Jefferson)

Die ersten Meldungen von einem neuartigen Krankheitserreger, der die Lunge befällt und unter bestimmten Voraussetzungen zum Tod führt, gehen im Dezember 2019 um die Welt. Am 28. Januar 2020 erreicht das Virus Deutschland. Die Tagesschau vermeldet an diesem Tag den ersten Corona-Patienten in Deutschland. Im Landkreis Starnberg (Bayern) hat sich ein 33-jähriger Mann während einer Schulung bei einer Kollegin aus China infiziert.

Damals ahnt noch niemand, was sich mit diesen Nachrichten ankündigt. Erst recht nicht in Europa und in Deutschland. Von hier aus betrachtet ist der Tiermarkt in Wuhan weit weg. Außerdem hat man Anfang des Jahres noch ganz andere Probleme als ein Virus. Die Klimakatastrophe dräut herauf, es formieren sich angeblich wieder die braunen Bataillone, und zu allem Überfluss zeigen sich die Regierten zunehmend renitent gegenüber den Regierenden.

Das ändert sich gut einen Monat später. Ab Ende Februar, nachdem sich der Kreis Heinsberg zum Corona-Hotspot entwickelt hat, geht es Schlag auf Schlag. Großveranstaltungen werden eine nach der anderen abgesagt, Versammlungsverbote ergehen, die Bundesliga stellt den Spielbetrieb ein. Mitte März geschieht dann das, von dem die Kanzlerin tags zuvor noch sagt, es wäre sinnlos, nämlich die Schließung der Grenzen. Gleichzeitig fährt quasi das gesamte öffentliche Leben herunter. Unternehmen, Geschäfte und öffentliche Einrichtungen wie Schulen schließen. Die Menschen sind aufgefordert, zu Hause zu bleiben und die eigenen vier Wände nur zu verlassen, wenn es wirklich notwendig ist. Deutschland steht von diesem Tag an, bis tief in den Sommer hinein, gesellschaftlich still.

Politisch bedeutet die Coronakrise hingegen alles andere als Stillstand. Im Gegenteil, nicht nur in Deutschland, sondern europa-, wenn nicht gar weltweit hat SARS-CoV-2 die Angelegenheiten in Bewegung gebracht. Zwischenzeitlich regiert eine Art »Virokratie«, die neben vielem anderen auch verdeutlicht, wie miserabel es inzwischen um die Demokratie in Deutschland bestellt ist. Oder ist irgendjemandem aufgefallen, dass auch das Parlament seine Arbeit eingestellt hat? Eindrücklicher kann man die Überflüssigkeit der deutschen Volksvertretung in der ersten Jahreshälfte 2020 kaum veranschaulichen.

Vom Standpunkt eines Demokraten aus betrachtet handelt es sich bei der Coronakrise daher um weit mehr als nur ein vorübergehendes pandemisches Ereignis. Es ist vielmehr eine **Zeitenwende**, in der die Demokratie, wie sie sich nach dem Zweiten Weltkrieg zuerst in Westeuropa und seit 30 Jahren in ganz Europa entwickelt hat, ihr Ende finden könnte. Nämlich dann, wenn die Macht vom Volk und von seinen Vertretern zu einigen wenigen Superreichen wandert. Eine Geldelite, die in ihrer grenzenlosen Infantilität eine Weltordnung zu installieren versucht, in der der Mensch bestenfalls als Konsument, ansonsten aber als schiere Verfügungsmasse auftritt.

Bill Gates, Microsoft-Gründer und selbst ernannter Philanthrop, gehört zu den Führungsfiguren dieser superreichen Missionare, die die Weltrettung in der Weise betreiben, wie ein kleines Kind mit Bauklötzen spielt. Ihm geht es in erster Linie nicht ums Geld, obgleich es fraglos eine sehr große Rolle für ihn spielt. Vielmehr geht es ihm um die Durchsetzung einer – seiner – Gesinnung, der »Kalifornischen Ideologie«.

Gates ist praktisch die Verkörperung all dessen, was diese Weltsicht ausmacht: die Verschmelzung von Hippie und Yuppie. Dabei treibt ihn sein übermäßiges Sendungsbewusstsein an, nichts weniger als die gesamte Menschheit retten zu wollen. Darunter macht er es nicht. Was diese Spinnerei gefährlich macht, ist der Umstand, dass der mächtigste Mann der Welt über das Geld, den Einfluss und die Technologie verfügt, nicht nur als Maulheld, sondern wahrhaftig nach der Weltherrschaft zu greifen. Als erster Mensch in der Geschichte. Vor diesem Hintergrund ist sein Vorgehen in der Coronakrise zu bewerten. Es handelt sich um einen Putsch in globalem Maßstab.

Das vorliegende Buch *Gesundheitsdiktatur* beleuchtet die Hintergründe dessen, was gerade um uns herum geschieht. Die folgenden Seiten liefern Daten und Fakten, die dem Leser dazu dienen sollen, sich ein fundiertes Urteil über die Vorgänge seit Mitte März 2020 zu bilden. Um dies zu erreichen, ist es nicht damit getan, die Ereignisse seit Ausbruch der Pandemie lediglich chronologisch aufzubereiten und abzuarbeiten. Dies wäre nur ein Kratzen an der Oberfläche. *Gesundheitsdiktatur* will mehr, als das Geschehen lediglich zu beschreiben. Es soll der Erklärung und der Einordnung der Dinge dienen.

Dazu wenden wir uns im ersten Kapitel dem Lebenslauf von Bill Gates zu.

Wir werden den Microsoft-Gründer als einen narzisstischen Sonderling kennenlernen, der, von der eigenen Herrlichkeit geblendet, bereits als Kind und Jugendlicher davon überzeugt ist, dass für ihn keine Regeln gelten. Was in jungen Jahren noch charmant wirkt, entpuppt sich wenig später als tief sitzender Charakterfehler, wie unter anderem sein Aufstieg und der von Microsoft belegen. Gates' Weg an die Spitze der Forbes-Liste »The World's Billionaires« ist mit den Opfern seines Handelns gepflastert. Und das von Beginn an, wie es der 22. August 1980 offenbart – der Tag, an dem sich Bill Gates weiterer Lebensweg entschieden hat. Ähnlich wichtige Ereignisse sind für ihn zweifellos die erste Begegnung mit Warren Buffett am 5. Juli 1991 sowie die Hochzeit mit Melinda Ann French am 1. Januar 1994. Ohne diese beiden Menschen hätten sich die Dinge gewiss vollkommen anders entwickelt.

Das führt uns zum zweiten Kapitel, in dem wir uns mit der Bill & Melinda Gates Foundation (BMGF) beschäftigen.

Sie ist das Instrument, mit dessen Hilfe der Software-Milliardär die Welt zu retten gedenkt. Wobei er sich aus gutem Grunde einer Stiftung bedient. Eine Stiftung genießt mehr Freiheiten als ein Unternehmen, sie ist nicht irgendwelchen Aktionären verpflichtet und muss sich diesen gegenüber auch nicht erklären und rechtfertigen.

In diesem Kontext interessieren uns zum einen die Ideen, die hinter dem Handeln von Bill Gates stehen. Hier ist vor allem Andrew Carnegie zu erwähnen, dessen Lehren Gates durch Warren Buffett kennengelernt hat und die ihm seither Leitlinien sind. Wir werden sehen, warum dies ein Umstand ist, der uns mit Sorge erfüllen sollte. Zum anderen beleuchten wir die Aktivitäten der Gates-Stiftung im Globalen Süden. Dort ist sie sowohl im Agrar- als auch im Gesundheitsbereich tätig, mit großen Gewinnen für die beteiligten Unternehmen und verheerenden Folgen für die Bevölkerung der betroffenen Länder.

Weitaus wichtiger aber noch als die Profite, die die Stiftung mit ihrer angeblichen Philanthropie einfährt, sind die Testmöglichkeiten, die sich in vergessenen Ländern wie Lesotho im südlichen Afrika ergeben. Hier kann Gates seinen Impf- und Kontrollwahn voll ausleben, koste es, was es wolle. Dass dieses Bestreben auch uns, die Menschen in Europa, betrifft, verdeutlicht das »Event 201«, ein Planspiel, bei dem im Oktober 2019 die Corona-Pandemie von relevanten Organisationen schon vorab durchgespielt wurde. Gastgeber: die Bill & Melinda Gates Foundation.

Sodann gehen wir im dritten Kapitel der Frage nach, welche Ideologie Gates antreibt.

Dabei wird unter anderem deutlich, dass es zunächst einmal nichts Neues ist, wenn sich Superreiche wie er politische Macht erkaufen. Ein historischer Rückblick nimmt beispielhaft die Spur von drei Magnaten aus verschiedenen Epochen auf, die ihr Vermögen einsetzten, um dafür Macht und Einfluss zu erhalten. Freilich gibt es dabei große Unterschiede. Während die Superreichen der Vergangenheit in erster

Linie in die Politik gingen, um ihr Vermögen zu mehren, so verhält es sich bei denen der Jetztzeit anders. Sie verfolgen eine Ideologie und sind auf einer Mission. Das gilt insbesondere für Bill Gates.

Der Name seiner Weltanschauung lautet »Kalifornische Ideologie«, und sie geht zurück bis in die 1970er-Jahre. Kurz gesagt verschmelzen in ihr Hippie- und Yuppietum zu einer sonderbaren säkularen Religion, die sich zwar weltweite grenzenlose Freiheit auf die Fahnen geschrieben hat, damit aber in Wirklichkeit das Gegenteil meint. Wir werden sehen, dass Bill Gates Hohepriester eines Glaubenssystems ist, das maßgeblich zu jener Infantilisierung und Moralisierung der Verhältnisse beigetragen hat, die sich zu der größten Bedrohung für die Demokratie nicht nur in Deutschland entwickelt haben.

Wie groß die Gefahr tatsächlich ist, lässt sich daran ablesen, dass es hier inzwischen gang und gäbe ist, mit Schuld und Angst Politik zu machen, Stichwort: Black Lives Matter. Solche Bewegungen, die das eine unterstellen und das andere schüren, um so den gesamtgesellschaftlichen Zusammenhalt anzugreifen, sind ganz im Sinne des kalifornischen Glaubenssystems.

Daher beschäftigt sich das vierte Kapitel mit dem Thema Schuld und Angst im Leben und Denken von Bill Gates.

Dabei tritt zutage, dass der Microsoft-Gründer wahrlich Grund genug hat, sich kritisch mit der Geschichte seiner Familie auseinanderzusetzen. Jedoch sind die Schlüsse, die er daraus zieht, fatal. Letztendlich laufen Gates' Vorstellungen von einer Welt, wie er sie sich gerade zu erschaffen versucht, auf einen neuen Totalitarismus hinaus, der sich durchaus alter Grausamkeiten bedient, Stichwort: Zwangssterilisationen.

Da Bill Gates einer der wichtigsten Vertreter der Kalifornischen Ideologie ist, liegt es nahe, sich im fünften Kapitel damit zu beschäftigen, wie eine Welt aussehen würde, in der eben diese Ideologie und Bill Gates das Sagen hätten.

Das Ergebnis ist Dystopia. Der totale Gesundheitsstaat, bei dem der Immunitätsnachweis dieselbe Rolle spielt wie das Sozialkredit-System[3] in China. Aus dem Individuum, das der Mensch seit der Aufklärung gewesen ist, wird eine Ameise unter anderen Ameisen, die entindividualisiert und nur noch anhand eines implantierten Farbcodes voneinander zu unterscheiden sind.

Der Immunitätsnachweis oder Impfpass bringt uns in die Jetztzeit und zu dem genauso erstaunlichen wie aufschlussreichen Detail, dass es im digitalen Zeitalter gerade ein Virus ist, das die Welt in Atem hält.

Dementsprechend interessiert uns im sechsten Kapitel das Virus als Feind.

Ein Blick in die Geschichte macht deutlich, dass das Bild vom Feind zeitgeistabhängig ist. Angesichts dessen überrascht es dann nicht mehr, wenn im 21. Jahrhundert der Feind als Virus daherkommt. Schließlich sind die althergebrachten Konzepte der Feindschaft nicht mehr zeitgemäß, jedenfalls, wenn es eine Person oder eine Gruppe betrifft. Das Virus bietet da einen Ausweg. Denn eines ist klar: Ein Feind ist für jede Gruppe unerlässlich. Das gilt umso mehr für Bewegungsstaaten[4] wie die Berliner Republik. Der Feind ermöglicht in der Politik Dinge, die ohne ihn nicht möglich wären. Das gilt umso mehr für einen, den man nicht sehen kann, der aber dennoch präsent und potenziell tödlich ist.

Doch dies ist nur das Klein-Klein der Tagespolitik. Damit haben Gates und Konsorten nichts zu schaffen. Ihnen geht es nicht um ein Ende der Schuldenkrise oder eine andere Verteilung der Reichtümer auf der Welt. Sie haben anderes im Sinn: Unsterblichkeit und ewige Jugend. Denn was bringt es, Herr der Welt und Herrchen unzähliger Regierungen zu sein und ein unermessliches Vermögen anzuhäufen, wenn das letzte Hemd keine Taschen hat? Die Antwort auf diese Frage lautet: Adrenochrom. Diesem Zerfallsprodukt von Adrenalin werden in Sachen Anti-Aging wahre Wunderdinge zugeschrieben.

Was es damit auf sich hat und welche Grausamkeiten damit verbunden sind, davon berichtet das siebte Kapitel.

Wir nehmen darin Einblick in eine Welt, die denen, die nicht zu jener Gruppe Superreicher gehören, stets verschlossen bleiben wird. Es ist die Welt derer, die sich der Öffentlichkeit als überschäumende Moralisten präsentieren und andere gerne anhalten, sich korrekt zu benehmen, während sie selbst keine Scham und keine ethischen Standards kennen. Das wäre prinzipiell nicht weiter von Belang, wären es nicht eben diese Menschen, die sich anmaßen, uns ihre Vorstellung von einem Leben aufpressen zu wollen.

Im vorletzten Kapitel, dem achten, wenden wir uns einer Technologie zu, die von Bill Gates und der Gates-Stiftung massiv gefördert wird und wie kaum eine andere über ein dystopisches Potenzial verfügt.

Die Rede ist von der Nanotechnologie im Allgemeinen und den Nanomaschinen im Besonderen. Letztere sind in der Lage, einmal per Impfung als Gesundheitspatrouille in den Körper eingebracht, die Kontrolle über die Persönlichkeit zu übernehmen. Wie weit die Forschung hier bereits vorgedrungen ist, wissen wir nicht, da diese zumeist hinter den verschlossenen Türen von Privatlaboren stattfindet. Was wir aber wissen, ist: Sobald Nanomaschinen Realität geworden sind, ist es vorbei mit jeder Form von Individualität.

Abschließend schauen wir in eine Gegenwart, in der das Virus seinen Dienst verrichtet. Und stellen uns die Frage, ob mit Blick auf das, was wir bis dahin über Bill Gates, seine Stiftung und die Machenschaften der Priesterkaste der Kalifornischen Ideologie erfahren haben, das Coronavirus, die Pandemie und alles, was damit zusammenhängt, wirklich Zufall sind. Oder ist es nur ein Instrument, um das alte System aus dem letzten Jahrhundert, die ungeliebte Demokratie, endgültig hinwegzufegen und im Namen der Gesundheit einen Totalitarismus zu errichten, der als erster in der Menschheitsgeschichte diesen Namen auch verdient?

Wir sind uns darüber im Klaren, dass das vorliegende Buch *Gesund-heitsdiktatur* als verschwörungstheoretisch und als Fake News abgetan und diffamiert werden wird. Es sind dies die ritualisierten Verdammungsurteile unserer Zeit. Doch sie ziehen nicht mehr. Spätestens seit Edward Snowdens Enthüllungen hat der Vorwurf, ein Verschwörungstheoretiker zu sein, an Durchschlagskraft verloren. Stattdessen ist er inzwischen zu einem Prädikat, ja, zu einer Auszeichnung geworden, zumindest für diejenigen, die außerhalb des Mainstreams denken. Ob im Mainstream selbst noch gedacht wird, sei derweil dahingestellt.

Offensichtlich genügt es, wenn Gates die Notwendigkeit einer Weltregierung postuliert: Daraufhin erschienen in kurzen Abständen mehrere nahezu gleichlautende Artikel in den wichtigsten deutschsprachigen Zeitungen. Es sind dies der *Spiegel*: »Wir brauchen eine Weltregierung«, *Die Zeit*: »Weltregierung, schön wär's« und die *Wiener Zeitung*: »Weltstaat als Lösung in der Corona-Krise?«, wobei die *Wiener Zeitung* das Amtsblatt der Zweiten Republik in Österreich darstellt. Ergänzend sei erwähnt, dass eine Google-Recherche für den Zeitraum zwischen September 2016 und Januar 2020 keinen einzigen Artikel über die Notwendigkeit einer solchen Weltregierung ergibt.

Abgesehen davon stützen sich unsere Schlüsse vornehmlich auf Berichte und Dokumente aus Quellen, die selbst den sogenannten Qualitätsmedien angehören, wie man den Fußnoten und dem Quellenverzeichnis entnehmen kann. Wir wollen niemanden überzeugen, nur Sachverhalte darlegen – jeder soll sich ein eigenes Bild machen können.

Zu den überraschendsten und gleichzeitig besorgniserregendsten Erkenntnissen der Arbeit an *Gesundheitsdiktatur* gehört im Übrigen die Offenheit, mit der die Anhänger der Kalifornischen Ideologie sich äußern. Das deutet darauf hin, in welch großer Sicherheit sich die Drahtzieher wiegen. Man lässt zunehmend jede Zurückhaltung fahren und erklärt ganz offen, worum es geht. Nämlich um eine Zeitenwende. Nichts anderes steckt hinter dem Gerede von der Zeit vor und nach Corona. Die neue Weltordnung will Nägel mit Köpfen machen. Dagegen gilt es sich zu wehren.

»Wehret den Anfängen!« Wenn dieser Ausruf jemals einen Sinn gehabt hat, dann hier und jetzt. »Wehret den Anfängen!«

Für die Freiheit!

Am Lago Vintter im Jahre des Heils MMXX
Dr. C. E. Nyder

1 | Bill Gates' Lebenslauf

*Auf dem Grunde eines jeden großen
Vermögens liegt ein Verbrechen.*
(Honoré de Balzac zugeschrieben)

Der 28. Oktober 1955 ist ein Freitag wie jeder andere. In Seattle, im US-Bundesstaat Washington, erledigen die Menschen wie üblich die Wochenendeinkäufe und freuen sich auf die vor ihnen liegende freie Zeit. Das Wetter ist durchwachsen, es ist heiter bis wolkig, hier und da geht ein Schauer nieder, die Temperaturen bewegen sich zwischen 7°C und 17°C. Nichts deutet darauf hin, dass an diesem Tag im Swedish Hospital ein Junge auf die Welt kommt, der 65 Jahre später, im Jahr 2020, nach der Weltmacht greifen wird: William Henry Gates III., genannt Bill.

1.1 | Kindheit und Jugend

Bills Mutter, Mary Maxwell Gates, der er bis zu ihrem Tod im Jahre 1994 eng verbunden bleibt, arbeitet zunächst als Lehrerin. Später ist sie als Geschäftsfrau tätig und nebenher in verschiedenen Wohltätigkeits- und Non-Profit-Organisationen aktiv. Bills Vater, William Henry Gates II., ist ein erfolgreicher Anwalt. Darüber hinaus schreibt er Bücher und engagiert sich als Philanthrop. Ab Mitte der 1990er-Jahre führt er eine Zeit lang die 1994 gegründete William H. Gates Foundation, welche später in Bill & Melinda Gates Foundation umbenannt wird. Derzeit gehört er, trotz seiner 94 Jahre, neben den beiden Namensgebern und Warren Buffett zu den vier Vorsitzenden der Stiftung.

Gemeinsam mit seinen beiden Schwestern, die eine jünger, die andere älter, wächst Bill Gates wohlbehütet in einer sicheren und gut situierten Gegend in Seattle auf. Schon früh zeigt sich sein kompetitiver Charakter. Vor allem bei den Wettkämpfen, mit denen sich die Familie am Wochenende und in den Ferien die Zeit vertreibt. Dabei fällt auf, dass Bill vor allem solche Spiele bevorzugt, in denen er nicht Mitglied eines Teams ist, sondern für sich alleine kämpft.

Was Bills sonstiges Verhalten betrifft, so gibt dieses seinen Eltern einigen Anlass zur Besorgnis. Der Junge ist schüchtern, wirkt schnell gelangweilt und abwesend; am liebsten verbringt er seine Zeit alleine in seinem Zimmer im Keller. Dort ist er für die Eltern nur schwer erreichbar. Als ihn einmal die Mutter verzweifelt fragt: »Was machst du denn da unten?«, erwidert er nur schroff: »Ich denke, Mom!«. Und schiebt noch giftig nach: »Hast du es schon mal mit Denken versucht?«[5]

Als sich die Eltern nicht mehr anders zu helfen wissen, konsultieren sie einen Therapeuten. Doch auch der scheitert. Nach einem Jahr erklärt der behandelnde Psychologe, dass es wohl besser sei, die Eltern würden versuchen, sich an ihren Sohn zu gewöhnen. So nehmen die Dinge ihren Lauf.

Mit 13 Jahren wird Bill Schüler der exklusiven Lakeside School. Dort kommt er das erste Mal in Kontakt mit Computern. Von da an verbringt er fast seine gesamte Freizeit vor dem Bildschirm. Ein Zahlenprogramm sowie eine PC-Variante des Strategiespiels *Tic-Tac-Toe*,

Abb. 2: Lakeside School Seattle

die es möglich macht, gegen den Computer anzutreten, sind die ersten zwei Programme, die er schreibt.

1968 lernt er an der Lakeside School den 2 Jahre älteren Paul Allen kennen. Obwohl sie über sehr verschiedene Charaktere verfügen, werden die beiden schnell Freunde. Sie teilen die Begeisterung für Computer und erahnen das revolutionäre Potenzial dieser neuen Technologie. Allerdings handelt es sich dabei zunächst nur um ein Gefühl, wie Bill Gates in seinem Buch *The Road Ahead* (dt.: *Der Weg nach vorn*) schreibt: »Erregt lasen wir von dem ersten echten Personal Computer, und obwohl wir noch keine genaue Vorstellung davon hatten, wozu er zu gebrauchen wäre, war uns doch schon bald klar, dass er uns und die Welt des Computings verändern würde«.[6]

Um eine genauere Vorstellung zu erhalten, nehmen sie den einzigen Minicomputer der Schule in Beschlag und brechen auf der Suche nach stärkerer Rechenleistung sogar in die Washington State University ein.

Hier zeigt sich bereits früh Gates' Überzeugung, dass Regeln, die alle einzuhalten haben, für ihn keine Gültigkeit besitzen. Also setzt er sich darüber hinweg. Das gilt nicht nur für das Geschäftsleben, wie die Vielzahl von Prozessen aufgrund von Verstößen gegen das Wettbewerbs- und Kartellrecht beweist, sondern auch im Privaten. Diesen Schluss lässt zumindest ein Vorfall aus den frühen 1980er-Jahren zu, bei dem Gates und Allen in San Francisco Gefahr laufen, ihre Maschine zu verpassen. Als sie am Flugsteig ankommen, ist das Boarding bereits abgeschlossen, die Gangway hat sich gerade vom Flieger gelöst und fährt langsam wieder ein. Als Gates das sieht, stürmt er durch die Absperrung und zum Schaltpult, mit dem sich die Gangway bedienen lässt. Dort drückt er wahllos alle Knöpfe. Allen ist in diesem Moment überzeugt, dass sein Kollege sofort verhaftet und abgeführt wird. Doch nichts dergleichen geschieht. Im Gegenteil, der Pilot der Maschine, die schon aufs Flugfeld geschoben wird, macht kehrt, eilt zurück und nimmt die beiden an Bord.[7]

Abb. 3: Paul Allen und Bill Gates

1970 steigen die beiden Teenager mit dem von ihnen entwickelten Programm *Traf-O-Data* – ein Programm zur Auswertung von Verkehrsdaten – ins Softwaregeschäft ein. 20 000 Dollar erhalten sie dafür. Das Geld wollen sie eigentlich in die Gründung einer eigenen Firma investieren, jedoch machen Bills Eltern ihrem Sohn einen Strich durch die Rechnung. Sie bestehen darauf, dass er die Highschool abschließt, Jura studiert und als Anwalt in die Fußstapfen des Vaters tritt.[8]

Eine Forderung, der Bill umso leichter zu folgen vermag, da sich *Traf-O-Data* als Flop erweist. Ein erster Rückschlag in der Karriere des Bill Gates. Allerdings hat er nicht lange daran zu knabbern. Und die Erfahrungen, die er und Allen in Sachen *Traf-O-Data* sammeln, werden ihnen bei ihrer nächsten Geschäftsidee zugutekommen.

Bevor es aber so weit ist, trennen sich zunächst einmal ihre Wege. Allen geht nach der Schule an die Washington State University, bricht aber 2 Jahre später sein Studium ab und arbeitet ab 1973 als Programmierer für Honeywell.

Ebenfalls 1973 schließt Gates die Highschool ab und nimmt, wie von den Eltern gewünscht, an der Harvard University ein Jurastudium auf. Doch statt im Hörsaal verbringt er die meiste Zeit im IT-Raum der Universität. Um sich den versäumten Stoff anzueignen, durchwacht er die Nächte. Allen, der mittlerweile in Boston, unweit von Harvard, arbeitet, überredet Gates 1975, das Studium ebenfalls an den Nagel zu hängen und gemeinsam eine Firma zu gründen: Microsoft.

Der Legende nach startet der reichste und mächtigste Mann der Welt anschließend seine Karriere aus der familieneigenen Garage heraus. Daran ist allerdings kein Wort wahr. Die Familie besitzt damals gar keine Garage. Abgesehen davon ist eine Garagengründung für die Gates anscheinend auch nicht standesgemäß. Spricht man Gates senior darauf an, macht er sich darüber lustig – »Das muss eine Erfindung von Apple sein« – und legt Wert auf die Feststellung, dass Bill an einer Eliteschule und Eliteuniversität ausgebildet worden ist.[9]

Bis zum großen Durchbruch von Microsoft gehen 5 Jahre ins Land. In dieser Zeit erreicht seine Arbeits- und Kontrollwut einen ersten Höhepunkt. 16-Stunden-Tage sind eher Normalität als Ausnahme, und es gehört jahrelang zu seiner Gewohnheit, jede einzelne Programmierzeile zu kontrollieren, die im Unternehmen geschrieben wird.

1.2 | Ein Tag voller Rätsel und seine Folgen

Und dann kommt der 22. August 1980, jener Tag, der wohl als ein Wendepunkt in Bill Gates' Leben und Karriere gelten kann. IBM, der damals größte Computerhersteller der Welt, steht in diesen Monaten kurz davor, den ersten Personal Computer für den Massenmarkt herzustellen. Allerdings fehlt noch ein Betriebssystem. Dieses soll von Digital Research kommen, der wichtigsten Softwareschmiede jener Zeit in Kalifornien. IBM und Gary Kildall, der Firmenchef von Digital Research, werden schnell handelseinig. Es wird ein Termin zur Vertragsunterzeichnung vereinbart, eben der 22. August 1980.

Doch als die IBM-Bosse an diesem Tag bei Gary Kildall zu Hause erscheinen, in den Aktenkoffern die zur Unterzeichnung bereiten Verträge, ist dieser erstaunlicherweise nicht zu Hause. Sie treffen lediglich auf seine Frau Dorothy, die sie darüber unterrichtet, dass ihr Mann gerade seinem Hobby nachgeht und in seinem Privatflugzeug einen Ausflug unternimmt.

Damit nicht genug, suchen die IBM-Bosse unerklärlicherweise noch am selben Tag ausgerechnet Microsoft auf und kaufen dort das gesuchte Betriebssystem ein. Dies ist deshalb merkwürdig, weil Microsoft zu diesem Zeitpunkt überhaupt noch keine Betriebssysteme herstellt.

Warum also Microsoft? Schon damals ist Kalifornien das wichtigste Zentrum für Softwareentwicklung, nicht nur in den USA, sondern weltweit. Anstatt sich also an eine etablierte Firma zu wenden, erteilt IBM einem bis dahin eher unbekannten Zwerg den Zuschlag, der zu

Abb. 4: Erster Personal Computer, IBM 1980

allem Überfluss nicht einmal über ein funktionstüchtiges Betriebssystem verfügt.

Wie Microsoft in der Folge doch noch an ein Betriebssystem kommt, darüber herrscht dann wieder Klarheit: über Digital Research. Ein Mitarbeiter verschachert ein *QuD DOS* für knapp 100 Dollar an Bill Gates. *QuD* bedeutet *Quick and Dirty*, auf Deutsch etwa: Husch und Pfusch.[10]

Gerne würde man erfahren, warum dieser Tag so abgelaufen ist, wie er abgelaufen ist. Warum wendet sich IBM ausgerechnet an Bill Gates und nicht an eine andere, renommiertere Firma, die zudem ein fertiges Betriebssystem im Portfolio gehabt hätte? Erst recht, da die Unternehmenskulturen von Microsoft und IBM unvereinbar scheinen. Hier die jungen Wilden, die Chaoten ohne Respekt und Manieren, dort die gut situierten Geschäftsleute im dunklen Anzug, mit Krawatte und Manschettenknöpfen. Vor allem aber möchte man wissen, warum Gary Kildall zum wahrscheinlich wichtigsten Termin seines Lebens nicht zu Hause gewesen ist.

Eine einzige Unterschrift hätte ihn zu einem sehr reichen Mann gemacht. Wie wir wissen, hat er darauf verzichtet. Den oder die Gründe dafür werden wir nie erfahren. Und dies, obwohl Kildall eine Autobiografie geschrieben hat und kurz vor einem Vertragsabschluss mit einem angesehenen New Yorker Verlagshaus steht. Aber dazu kommt es nicht mehr. Kildall stirbt am 6. Juli 1994. Gerüchte über die Todesursache gibt es viele. Die einen sagen, er sei vom Stuhl gefallen, die anderen, er sei eine Treppe hinabgestürzt.[11]

Die geplante beziehungsweise teilweise ausgeführte Biografie ist niemals erschienen. Kildalls Erben haben Jahre später Auszüge davon im Internet zugänglich gemacht. Die betreffenden Passagen enden aber im Jahr 1978, zweieinhalb Jahre vor dem entscheidenden 22. August 1980. Warum gerade die interessantesten und heikelsten Passagen fehlen, darüber kann nur spekuliert werden.

1.3 | Paul Allen scheidet aus

1983 kommt es zu einer tiefen Zäsur in der noch jungen Geschichte von Microsoft. Paul Allen scheidet aufgrund einer Krebserkrankung aus dem Geschäft aus.

Bereits zuvor ist es zu Spannungen zwischen Gates und ihm gekommen. Zum Beispiel am 12. April 1981, als Allen anlässlich des Starts des ersten Space Shuttles nach Florida reist. Doch selbst für den Wunsch, an einem derartigen historischen Ereignis teilzuhaben, hat Gates kein Verständnis. In seiner Besessenheit fordert er von allen Mitarbeitern dieselbe manische Hingabe an das Unternehmen ein, die er selbst verspürt. Daher provoziert Allens 24-stündige Abwesenheit einen Tobsuchtsanfall bei Gates, im Laufe dessen er Allen vorwirft, sich nicht entschieden genug für das Unternehmen einzusetzen. So beschreibt es der Mitbegründer von Microsoft in seiner kurz vor seinem Tod erschienenen Autobiografie *Idea Man: A Memoir by the Cofounder of Microsoft*.

Dort ist auch nachzulesen, wie und warum es 1982, kurz nachdem er an Krebs erkrankt ist, zum Bruch zwischen ihm und Gates gekommen ist. Auslöser ist ein Gespräch zwischen seinem »Freund« und dem späteren Microsoft-Chef Steve Ballmer. Zufällig hört Allen ein Gespräch zwischen den beiden an, in dem sie überlegen, wie man durch Ausgabe zusätzlicher

Abb. 5: Paul Allen

Aktienoptionen an Ballmer und andere Anteilseigner Allens Anteile an Microsoft schmälern könnte. Nach eigener Aussage platzt Allen daraufhin in den Raum und ruft aus: »Das ist unglaublich! Es zeigt euren wahren Charakter für immer und ewig!« Im Anschluss an diese Szene lassen Gates und Ballmer von ihren Plänen ab und entschuldigen sich bei Allen. Dennoch stellt sich die Frage: Was ist das für ein Mensch, der überhaupt auf die Idee kommt, einem Freund, der zudem noch mit dem Tode ringt, derart in den Rücken zu fallen?

Wer nun aber denkt, Gates hätte den Fehler eingesehen und in der Folgezeit darauf verzichtet, an die Anteile seines ehemaligen Geschäftspartners zu kommen, der täuscht sich. Tatsächlich versucht er es nach Allens Ausscheiden aus der Firma im Jahre 1983 bis zum Börsengang von Microsoft im März 1986 immer wieder. Doch zu welchem Preis? 5 Dollar bietet Gates pro Aktie, das entspricht nur rund einem Viertel von dem, was Allen letztlich erlöst, nämlich 21 Dollar pro Aktie.[12]

1.4 | Der reichste Mann der Welt

Der Börsengang spült mehr als 500 000 000 Dollar in die Kasse von Microsoft. Da Bill Gates über 45 Prozent der Anteile verfügt, schwillt sein Vermögen quasi über Nacht auf über 200 000 000 Dollar an. 1 Jahr später, im Alter von 31 Jahren, ist er bereits Milliardär. Von da an taucht sein Name regelmäßig in der Forbes-Liste der 400 reichsten Menschen des Planeten auf. 1994 führt er diese zum ersten Mal an und hat seither den Spitzenplatz fast ununterbrochen inne. Derzeit wird sein Vermögen auf 104 000 000 000 Dollar geschätzt.

Dieser sagenhafte Reichtum ist freilich nicht allein das Produkt unermüdlicher Arbeit und brillanter Einfälle. Andere arbeiten genauso hart, vielleicht sogar noch härter als Bill Gates und verfügen über mindestens so viel Fantasie wie er, dennoch müssen sie beständig darauf achten, dass das Geld bis zum Monatsende reicht.

Was diese Menschen von Gates unterscheidet, ist der höchst aggressive Geschäftssinn eines bedingungslosen Egomanen. Dementsprechend ist sein Aufstieg wie auch der von Microsoft zum Software-Monopolisten mit Skandalen gepflastert; seit Jahrzehnten bewegen sich die Machenschaften des Softwaregiganten am Rande der Legalität.

Microsofts Modus Operandi ist dabei stets derselbe. Man übernimmt die Softwarestandards anderer Firmen und entwickelt diese dergestalt weiter, dass sie nur noch mit *Windows* kompatibel sind. Die Folgen sind bekannt. Das Betriebssystem von Microsoft nimmt über Dekaden hinweg eine Quasi-Monopolstellung ein. Noch 2009 sind weit mehr als 90 Prozent der PCs mit *Windows* ausgestattet. Der Marktanteil ist seither auf 77,1 Prozent im März 2020 zurückgegangen.

Jedoch ist das kein wirklicher Trost, weil ein Marktanteil von 77,1 Prozent zum einen immer noch eine Machtfülle bedeutet, über die ein einzelnes Unternehmen nicht verfügen sollte. Erst recht nicht in einem so sensiblen Bereich wie der Informationstechnologie, der uns alle tagtäglich betrifft. Zum anderen teilt sich Microsoft den Markt mit seinem ewigen Konkurrenten Apple. Verliert Microsoft, gewinnt Apple und umgekehrt.

Nur: Handelt es sich bei Apple wirklich um einen Konkurrenten? Wenn es ums Geld geht, sicher. Und die beiden Führungsgestalten, Gates und Jobs, kann man ebenfalls als erbitterte Rivalen bezeichnen. Immerhin bezichtigt der Apple-Chef seinen Konkurrenten von Microsoft jahrelang des Diebstahls.

Doch wie verhält es sich bei den nicht monetären Absichten und Zielen? Würde sich eine Microsoft-Welt von einer Apple-Welt unterscheiden? Im Design vielleicht, aber ganz sicher nicht in der ameisenhaften Sklavenexistenz derer, die die Machenschaften der Mächtigen auszubaden haben. Konzerne wie Apple, Google, Amazon, Microsoft oder Twitter dienen alle ein und derselben Sache. Ihre Gründer, allen voran Bill Gates, sind die Hohepriester einer neuen säkularen Religion, der Kalifornischen Ideologie, in deren Namen eine neue Weltordnung errichtet werden soll. Wir werden später noch sehen, was genau damit gemeint ist.

1.5 | Begegnungen

Am 5. Juli 1991 kreuzen sich in Washington erstmals die Wege von Bill Gates und Warren Buffett. Dieses Treffen ist in mehrfacher Hinsicht wichtig für den weiteren Lebensweg von Bill Gates. Da ist zum einen das Geschäftliche. Buffett ist zu diesem Zeitpunkt bereits eine Investorenlegende. Aus einfachsten Verhältnissen stammend, hat er sich zum reichsten Mann der Welt und zum wahrscheinlich erfolgreichsten Investor aller Zeiten emporgearbeitet. Regelmäßig erzielt er mit seiner Investmentfirma Berkshire Hathaway Renditen jenseits der 20 Prozent.

Zu dem Image, das Buffett beständig pflegt, gehört, dass er niemals seine Herkunft vergessen habe. Daher wohnt er noch immer in dem Haus, das er 1958 für 31 500 Dollar gekauft hat und das heute rund 250 000 Dollar wert ist. Außerdem legt er ein Verhalten an den Tag, das man in seiner Bescheidenheit bei einem Milliardär nicht erwarten würde. Weshalb der *Stern* Buffett die »freund-

Abb. 6: Warren-Buffet 2013

lichste Heuschrecke der Welt«[13] nennt. Kratzer bekommt dieses Image allerdings, hält man sich folgende Aussage vor Augen: »Der freie Markt ist ein gutes System für dieses Land. Es hat auch für mich gut funktioniert. Für die Armen in der Welt aber funktioniert dieser freie Markt nicht.«[14] Was ihn jedoch nicht daran hindert, durch die Armut der Menschen Geld zu scheffeln.

Buffett entwickelt sich recht bald nach ihrem ersten Treffen zu Gates' Lehrer. Nicht was die Skrupellosigkeit angeht, da kann Gates selbst auf einen reichen Fundus von Unanständigkeiten zurückgreifen. Stattdessen steht er dem Microsoft-Gründer als Investor mit Rat und Tat zur Seite, eröffnet ihm neue Möglichkeiten und ein anderes strategisches Denken. Nach Aussage von Bill Gates stellt er sich noch heute bei jeder anstehenden Entscheidung die Frage: »Was würde Warren jetzt tun?«

Über das Geschäftliche hinaus bringt Buffett Gates an diesem Tag erstmals in Kontakt mit der sogenannten Philanthropie. Und zeigt dem Microsoft-Gründer damit einen Weg auf, sein überbordendes Sendungsbewusstsein auszuleben. Wie das geschieht, davon später mehr. So viel sei vorweg aber schon erwähnt: Große Worte und Philanthropie – die Menschenliebe – eignen sich bestens als Tarnung, um eine andere, weniger menschenfreundliche Agenda quasi durch die Hintertür durchzusetzen.

Wie es um Bill Gates' Menschenfreundlichkeit oder gar Menschenliebe tatsächlich bestellt ist, davon zeugt eine kleine Episode aus dem Jahr 1992. Joel Spolsky, heute ein erfolgreicher Unternehmer, ist damals als Programmierer bei Microsoft tätig und für das Tabellenkalkulationsprogramm *Excel* zuständig. Mit Gates trifft er erstmals anlässlich einer Präsentation dieser Software zusammen. Am Ende der Vorstellung ist der Applaus unter den versammelten Microsoft-Spitzenkräften groß. Sie gratulieren Spolsky und klopfen ihm anerkennend auf die Schulter. Nur Bill Gates nicht. Dieser unterzieht ihn einer halbstündigen, geradezu peinlichen Befragung über jede einzelne Quellcodezeile des 500 Seiten starken Programms. So lange, bis dieser schlussendlich die Nerven verliert und zu stammeln beginnt. Grund genug für einen der berüchtigten Wutanfälle von Gates. Spolsky weiß derweil nicht, wie ihm geschieht. Das Programm lief während der Präsentation einwandfrei, alles funktionierte ausgezeichnet und die Reaktion der anderen Anwesenden war ebenfalls eindeutig positiv gewesen. Wieso jetzt dieser Ausbruch, der den Programmierer ernsthaft um seinen Job bangen lässt?

Das erklärt ihm kurz darauf ein erfahrener Kollege: »Bill interessiert sich nicht für dein Programm [...] Das ist seine Standardmethode. Er stellt dir immer härtere Fragen, bis du nicht mehr weiterweißt, um dich dann niederzubrüllen.«[15]

Neben dem Treffen mit Warren Buffett stellt die Hochzeit mit der Microsoft-Projektmanagerin Melinda Ann French am Neujahrstag 1994 das zweite besondere Ereignis für Gates in der ersten Hälfte der 1990er-Jahre dar.

Kennengelernt haben sich die beiden 1987 bei einer Firmenfeier. »Ich war für Microsoft in New York«, schreibt Melinda Gates in ihrem Buch *Wir sind viele, wir sind eins,* »und meine Zimmergenossin

Abb. 7: Melinda-Gates 2015

(wir buchten damals immer ein Doppelzimmer, um Geld zu sparen)
bat mich, sie doch zu einem Abendessen zu begleiten, über das ich
eigentlich nicht informiert war. Ich kam spät, alle Tische waren voll
besetzt. Bis auf einen, an dem nebeneinander zwei Plätze frei waren.
Ich setzte mich auf den einen Stuhl. Ein paar Minuten später kam Bill
und setzte sich auf den anderen.«[16]

Es scheint, als habe Gates an diesem Abend eine Seelenverwandte
getroffen. Melinda ist intelligent und steht Bill in Ehrgeiz, Selbstbezo-
genheit und Sendungsbewusstsein in nichts nach. Die beiden teilen
ein Weltbild und sind gleichermaßen davon überzeugt, berufen zu
sein, die Menschheit in ein ewiges, goldenes Zeitalter zu führen. Außerdem halten sie beide die Überbevölkerung für das Hauptproblem
auf diesem Planeten und engagieren sich aktiv dagegen. Melinda damals noch mehr als Bill; für sie ist der freie Zugang zu Verhütungsmitteln und eine möglichst problemlose Abtreibung Ausdruck eines modernen Feminismus. Dass sie mit ihren Aktivitäten in Wirklichkeit die
über Jahrzehnte hinweg erkämpften Errungenschaften der Frauenbe-
wegung im Globalen Süden unterminiert, werden wir später sehen.

1.6 | Am Rande der Legalität

Schon 1983 konstatierte *Forbes* bei dem damals 28-Jährigen: »Ihn
beherrscht ein maßloses Konkurrenzstreben.«[17] Geschäftlich kennt
Gates' monopolistische Firmenstrategie in den 1990er-Jahren keine
Grenzen. Er schließt Verträge mit mächtigen Informationsanbie-
tern, unter anderem mit dem Fernsehsender NBC sowie mit siebzig
Print-Medien, um sein Netzwerk weltweit gegen Konkurrenten
durchzusetzen. Außerdem erschwert *Windows 95* den Zugang für
andere Anbieter.[18]

Gleichzeitig werden Mitbewerber gnadenlos aus dem Markt gedrängt. Zum Beispiel Netscape. Während Gates und Microsoft den
Durchbruch des Internets schlicht verschlafen, bietet Netscape, ein

unternehmerischer Zwerg, mit dem *Communicator* schon früh einen Browser an, der sowohl auf *Windows*- als auch auf Apple-Computern läuft. Damit geht Microsoft seiner Technikführerschaft verlustig. Weitaus schwerer aber als der Prestigeverlust wiegt der Umstand, dass gewisse Schnittstellen im *Communicator* es ermöglichen, eigene Programme zu schreiben, die auf Basis von Netscape laufen können. Das ist Anarchie, und die kann Gates in seiner Kontrollwut nicht dulden.

In der Folge kommt es zwischen 1995 und 1998 zum »Ersten Browser-Krieg«, in dem er alles daransetzt, den unliebsamen Mitbewerber aus dem Markt zu drängen. Dabei scheut Gates im Oktober 1997 auch nicht vor der Konfrontation mit den US-Wettbewerbsbehörden zurück. Als er den *Internet Explorer* an *Windows* koppelt, bricht er eine Einigung mit den Kartellbehörden aus dem Jahre 1994, in der er sich verpflichtet hat, keinen Computerhersteller zu zwingen, andere Microsoft-Programme außer *Windows* installieren zu müssen.

Doch Gates hat nicht mit Bundesrichter Thomas Penfield Jackson gerechnet. Dieser ist mit der Causa betraut und erlässt 2 Monate darauf eine Einstweilige Verfügung, wonach Microsoft den *Internet Explorer* von *Windows* wieder abkoppeln muss. Und wieder einen Monat später, im Januar 1998, nehmen die US-amerikanischen Behörden Ermittlungen hinsichtlich der Frage auf, ob Microsoft seine marktbeherrschende Stellung zum Schaden eines Mitbewerbers ausnutzt.

Diese Ermittlungen münden im Oktober 1998 in die Eröffnung eines Kartellprozesses vor dem Bundesgericht in Washington. Den Vorsitz hat wiederum Richter Jackson inne. Und der verfasst eine Interpretation der Beweislage, in der er Microsoft eine Monopolstellung bei den Betriebssystemen sowie fragwürdige Geschäftspraktiken bescheinigt. Kurz nach Bekanntwerden dieses Textes tritt Bill Gates am 13. Januar 2000 als Chef von Microsoft zurück und übergibt die Führung an Steve Ballmer.

Ballmer und Gates sind eng befreundet, obwohl ihre Verbindung auf der einen Seite aufgrund beidseitig vorhandener aggressiver Charakterzüge von Beginn an nicht frei von Konflikten ist. Auf der anderen Seite scheinen sich die Männer zu ergänzen, hier der agile Nerd, da der überschießende Verkäufer. Ballmer beschreibt ihr damaliges Verhältnis daher als brüderlich.

1980 überredet Gates ihn, als Mitarbeiter Nummer 30 bei Microsoft einzusteigen und dafür seine sichere Karriere bei Procter & Gamble aufzugeben. Dies, obwohl Ballmer nichts vom Programmieren versteht. Das braucht er auch nicht, stattdessen soll er sich um das »Business« kümmern.

Und das macht er. Seine bullige Erscheinung findet ihre Fortsetzung in einem impulsiven und höchst extrovertierten Charakter. Zwischen seinem Einstieg 1980 und der Ernennung zum Nachfolger von Bill Gates leitet Ballmer mehrere Bereiche bei Microsoft, darunter die Betriebssystementwicklung, den Verkauf und den Kundenservice. Ab 1998 bekleidet er den Posten eines Präsidenten. Gleichermaßen willens- und durchsetzungsstark ist Steve Ballmer zu diesem Zeitpunkt die Nummer 3 in Microsofts Ehrendivision, nach Bill Gates und Paul Allen.

Doch der Austausch der Führungsspitze kurz vor der Urteilsverkündung scheint Microsoft nicht viel zu nutzen. In dem im Juni 2000 ergangenen Urteil ordnet Richter Jackson die Teilung von Microsoft in zwei Unternehmen an.[19] Das eine für das Betriebssystem *Windows*, das andere für Anwendungssoftware wie *Microsoft Office* oder den *Internet Explorer*.

Es ist dies ein dramatischer Richterspruch, der bei der US-Justizministerin Janet Reno zunächst auf viel Sympathie stößt. Die Entscheidung fördere den Wettbewerb in der Softwarebranche und unterstreiche die Bedeutung der Anti-Kartell-Gesetze, lässt sie zunächst verlauten.[20]

Im Juni 2001 bestätigt ein Berufungsgericht, dass Microsoft gegen das Kartellrecht verstoßen hat, gleichzeitig hebt es aber die Zerschlagungsanordnung auf, weil eine solche unverhältnismäßig und auf die

Voreingenommenheit von Richter Jackson zurückzuführen sei. Im September erklärt das US-Justizministerium in einer schmalen Stellungnahme, im Interesse der Verbraucher [sic!] auf die Aufspaltung von Microsoft verzichten zu wollen.[21]

Insgesamt führen Gates' Geschäftspraktiken zu mehr als einem Dutzend von Prozessen, die Verstöße von Microsoft gegen das Wettbewerbs- und Kartellrecht zum Gegenstand haben. Die Summe, die der Softwaregigant aus Redmond dabei an Entschädigungen zu bezahlen hat, beläuft sich auf rund 5 000 000 000 Dollar.

Nicht unerwähnt bleiben soll, dass sich Gates im Verlauf der Prozesse als jemand herausstellt, der es, wenn es um den eigenen Vorteil geht, mit der Wahrheit nicht so genau nimmt. So geschehen im Jahr 2002, als er anlässlich eines Anti-Trust-Verfahrens öffentlichkeitswirksam behauptet, es sei technisch unmöglich, den *Internet Explorer*, den *Media Player* und andere Microsoft-Software vom Betriebssystem abzukoppeln. Erst im Kreuzverhör vor Gericht rückt er kleinlaut davon ab und erklärt, dass mit *Windows XP Embedded* bereits eine modulare *Windows*-Variante existiert.[22]

1.7 | Bruch mit Steve Ballmer

Zum Zeitpunkt seiner Aussage vor Gericht ist Bill Gates nicht mehr der Chef von Microsoft. Daher steht er auch nicht in der Schusslinie, als ab Mitte der Nullerjahre wegen ähnlich gelagerter Vorwürfe wie in den USA, nämlich Missbrauch einer marktbeherrschenden Stellung, der Konflikt zwischen Microsoft und der EU hochkocht. Die Rolle desjenigen, den man in Bayern und Österreich als Watschenmann bezeichnet, nimmt nun Steve Ballmer ein.

Gleichwohl behält Gates auch nach Übergabe der Geschäftsleitung bei den Entscheidungen des Softwaregiganten aus Redmond die Fäden in der Hand. Im Anschluss an seinen Weggang von Microsoft im

Jahr 2014 wird Ballmer sagen, dass er sich bei seiner Arbeit nie so ganz verantwortlich gefühlt habe, weil Gates noch bis 2008 im Unternehmen aktiv gewesen ist.[23]

Er spielt damit auf die Vorgeschichte des Betriebssystems *Windows Vista* an. Dieses geht aus einem Projekt namens *Longhorn* hervor, das von Gates als Leiter der Entwicklungsabteilung gefördert wird. Die besten Mitarbeiter werden dafür abgestellt, obwohl Ballmer *Longhorn* skeptisch gegenübersteht. Dennoch wird ihm, als *Windows Vista* im Januar 2007 auf den Markt kommt und floppt, die Verantwortung für den Misserfolg zugeschoben.

6 Jahre später, 2013, muss Ballmer die Erfahrung machen, dass Gates selbst eine mehr als 30-jährige »brüderliche« Freundschaft egal ist, wenn es ums Geschäft und darum geht, seinen Willen durchzusetzen.

Zu diesem Zeitpunkt laufen die Geschäfte nicht so wie gewohnt. *Windows 8* schlägt nicht wie geplant ein, ebenso die Mobil-Allianz mit Nokia. Im Internet verliert Microsoft weiter dreistellige Millionensummen, und Hoffnungsträger wie das Premium-Tablet Surface sind geschäftliche Misserfolge. In Anbetracht dessen gibt es nicht wenige innerhalb der Microsoft-Entscheiderebene, die Ballmer loswerden wollen. Doch stets hält Gates seine schützende Hand über seinen Nachfolger.

Anfang 2013 ist es damit allerdings vorbei. In einem Interview mit dem US-amerikanischen Fernsehsender CBS im Februar erklärt Gates unmissverständlich: »Er [Ballmer] und ich sind zwei der selbstkritischsten Menschen, die man sich vorstellen kann. Hier sind einige wunderbare Errungenschaften, die unter Steves Leitung für die Firma erreicht wurden. *Windows 8* ist der Schlüssel für die Zukunft, der Surface-Computer. Bing, die Leute sehen darin die bessere Suchmaschine, Xbox. – Aber ist das genug? Nein […].« Und als sei das nicht genug der Angriffe auf Ballmer, fährt Gates gleich darauf mit Blick auf das damals schwächelnde Mobilfunkgeschäft fort: »Wir haben den Anschluss an den Mobilfunkmarkt nicht verpasst, aber wie wir es gemacht haben, erlaubt uns nicht, die Führerschaft zu beanspruchen. Das ist offensichtlich ein Fehler.«[24]

Neben der Unanständigkeit, seinen langjährigen Freund in der Öffentlichkeit derart bloßzustellen, zeigt sich hier Gates' unbedingter Führungsanspruch. Egal, in welchem Feld er gerade mitmischt, Gates beansprucht stets unangefochtene Führerschaft. Die Skrupellosigkeit, mit der er dabei vorgeht und seinen eigenen Vorteil durchsetzt, hat sich zwischenzeitlich zu einem Markenzeichen des Microsoft-Gründers entwickelt.

Der endgültige Bruch zwischen Gates und Ballmer erfolgt nur wenige Monate später, im Juni 2013. Anlass ist der Erwerb des strauchelnden Mobilfunkherstellers Nokia.

Ballmer ist dafür, Gates und der Verwaltungsrat sind dagegen. Anfang des Jahres kommt es zu einer dramatischen Szene, als Ballmer bei einer Sitzung, die den Kauf von Nokia zum Inhalt hat, so laut schreit, dass man ihn bis hinaus auf die Flure hört. Erfolg hat er damit nicht. Im Juni unternimmt er den nächsten Anlauf, indem er bei einer Vorstandssitzung erklärt, er habe mit dem Nokia-Management die Übernahme des einstigen Branchenriesen per Handschlag besiegelt. Da er sich der Zustimmung der anderen Board Member sicher ist, nimmt er an dem im Anschluss an die Sitzung stattfindenden Abendessen nicht mehr teil, sondern feiert den Schulabschluss seines Sohnes.

Das mag menschlich und sympathisch erscheinen, doch bei Microsoft hat man dafür kein Verständnis. Am nächsten Morgen unterrichtet ihn der Verwaltungsrat, dass dieser dem Kauf von Nokia endgültig nicht zustimmen wird und keine weiteren Diskussionen

Abb. 8

mehr darüber erwünscht seien.[25] Gates, der zu diesem Zeitpunkt an der Spitze des Aufsichtsgremiums steht, lässt seinen Freund endgültig fallen.

Was dabei aufstößt, ist nicht so sehr die Entscheidung über den Nichtkauf. Gut möglich, dass Gates die Firma mit der Verhinderung des Nokia-Geschäfts vor einem schlechten Deal bewahrt hat. In unserem Zusammenhang ist das unerheblich. Vielmehr ist es die Art und Weise, wie er seinen alten Freund abserviert. Nach 33 Jahren hält er es nicht für nötig, das Gespräch zu suchen, stattdessen stößt er dem alten Weggefährten den Dolch in den Rücken. Dieser Eindruck bestätigt sich, wenn man das dürre Statement liest, das sich Gates im Anschluss an Ballmers vorzeitigen Rücktritt abringt: »Wir sind in der glücklichen Lage, dass Steve weiter seine Aufgaben wahrnimmt, bis ein neuer CEO gefunden ist.«[26]

Doch selbst wenn Gates, nachdem er den Chefsessel an den glücklosen Ballmer übergeben hat, weiterhin den Ton bei Microsoft angibt, bleibt festzustellen, dass sich der Schwerpunkt seines Handelns nach 2000 mehr und mehr in Richtung eines zweiten Betätigungsfeldes verschiebt: der Philanthropie. Und das kann man durchaus als Drohung auffassen, schreiben doch schon seine Biografen Stephen Manes und Paul Andrews 1993, dass Gates die Welt nicht nur verändern, sondern beherrschen wollte.[27]

2 | Die Bill & Melinda Gates Foundation (BMGF)

*Es würde sehr wenig Böses auf Erden getan werden, wenn das
Böse niemals im Namen des Guten getan werden könnte.*
(Marie von Ebner Eschenbach, *Aphorismen*)

Im Laufe der Jahre wird aus dem niemals satten Geschäftsmann ein
hauptberuflicher Hohepriester der Kalifornischen Ideologie und Aktivist der neuen Weltordnung.

2008 gibt Bill Gates seinen Rückzug aus dem Tagesgeschäft von
Microsoft bekannt, 2014 legt er den Vorsitz des Verwaltungsrates nieder, bleibt aber einfaches Mitglied. Bis März 2020, da verabschiedet
er sich auch davon. Von nun an will er sich »als ungeduldiger Optimist« voll und ganz dem Wohl und der Fortentwicklung der Menschheit sowie den Projekten der »Bill & Melinda Gates Foundation«,
kurz BMGF, widmen.

2.1 | Die Lehren des Andrew Carnegie und ihre Bedeutung für Gates

Kehren wir an dieser Stelle noch einmal zum Juli 1991 zurück, genauer gesagt zum 5. Juli 1991, dem Tag, an dem Bill Gates zum ersten
Mal mit Warren Buffett zusammentrifft. Wie bereits erwähnt, stellt
dieses Ereignis einen entscheidenden Wendepunkt im Leben des Microsoft-Gründers dar, vergleichbar mit jenem mysteriösen 22. August 1980, als Gary Kildall, weshalb auch immer, nicht zu Hause gewesen ist.

Im Vorfeld des Termins ist Gates von dem Vorschlag seiner Mutter, Buffett im Ferienhaus der Familie zu treffen, nicht besonders angetan. »I didn't even want to meet Warren Buffett […].« Der Grund:
Der Microsoft-Gründer, der sich schon damals mit Plagiats- oder
Diebstahlsvorwürfen (unter anderem durch Steve Jobs) konfrontiert
sieht, hält sich für moralisch überlegen. Das Geschäftsmodell seines
Milliardärskollegen betrachtet er als »parasitär«.[28] Dennoch gibt er

dem Drängen der Mutter nach und erklärt sich zu einem Gespräch mit Buffett bereit, jedoch will er nicht länger als 1 Stunde investieren.

Am Ende sind es 10. Nach Auskunft von Gates sei der Starinvestor sehr bescheiden aufgetreten und habe ihm Fragen zum Computergeschäft gestellt, die zuvor noch niemand gestellt hätte. »Plötzlich waren wir verloren in unserer Unterhaltung und die Stunden vergingen wie im Flug«, so Gates. Buffett sei witzig gewesen, aber was Gates vor allem beeindruckte: Er habe ein sehr klares Bild von der Welt gehabt. Und genau hier liegt das Problem.

Kurz nach ihrer ersten Begegnung macht Buffett seinen neuen Schützling mit den Lehren des Stahlbarons Andrew Carnegie bekannt.

Der verfasste mit seinem *Evangelium des Reichtums* 1889 ein Manifest, das den Übergang von der christlich motivierten Caritas zur professionellen Philanthropie markiert. Darin beschäftigt sich Carnegie mit der gesellschaftlichen Verantwortung der Superreichen

*Abb. 9:
Andrew
Carnegie*

und behauptet, die Zivilisation beruhe »auf der Heiligkeit des Eigentums«, also »dem Recht des Arbeiters auf seine hundert Dollar auf der Sparkasse und dem legitimen Recht des Millionärs auf seine Millionen«. Nach Carnegie hat auf der einen Seite »die Anhäufung von Reichtum« den Menschen »nur Vorteile gebracht«. Auf der anderen Seite sagt Carnegie aber auch: »Wer reich stirbt, stirbt in Schande.« Daher spricht er sich für erhebliche Erbschaftsteuern aus und dafür, dass Reiche ihr Vermögen zu Lebzeiten stiften. Damit könne ein »Ausgleich zwischen Armen und Reichen« geschaffen werden. Auf diese Art und Weise würde »ein idealer Staat« entstehen, in dem der »Reichtum einiger weniger im besten Sinne Eigentum vieler« werde. Allerdings warnt Carnegie vor Almosen. Sie könnten »viel Unheil anrichten, weil das Laster und nicht die Tugend gefördert« werde. Man helfe »der Gemeinschaft am besten«, indem man »eine Leiter aufstellt«, auf der Aufstiegswillige emporklettern könnten.[29]

So weit die verlautbarten hehren Ideale des Herrn Carnegie, der Buffett und Gates gleichermaßen als Vorbild dient. Doch wer war der Tycoon wirklich? Gewiss kein Weltverbesserer.

Im amerikanischen Bürgerkrieg entzieht er sich der Wehrpflicht, indem er einem Ersatzmann 300 Dollar zahlt, der später irgendwo in den Mississippi-Sümpfen an Typhus elendig zugrunde geht. Derweil fischt Carnegie in den Blutbädern des Bürgerkriegs nach Millionen. Erfolgreich. Eisen, Stahl und Eisenbahnen begründen seinen enormen Reichtum.

Wie er zu seinem Vermögen kommt, welche Methoden er einsetzt, um seine – man kann es nicht anders nennen – Gier zu befriedigen, das zeigt ein Arbeitskampf im Winter 1885 in einem seiner Stahlwerke.

Das Besondere an dieser Auseinandersetzung ist, dass Carnegie der erste Kapitalist ist, der seine Arbeiter bestreikt. Um eine Lohnkürzung durchzusetzen, stellt er seine Gehaltszahlungen ein und hält die arbeitswillige Belegschaft seines Stahlwerkes mit Waffengewalt von ihren Arbeitsplätzen fern. Dass die Aussperrung gerade im Winter erfolgt, ist zudem kein Zufall. Carnegies Kalkül ist einfach. Die

Abb. 10:
Bericht über
den Streik
in Carnegies
Stahlwerk

Kälte wird die Arbeiter schneller mürbe machen als der Hunger. Ohne
Essen halten die Männer Wochen durch, ohne Geld für Heizmaterial
drohen sie aber in wenigen Tagen zu erfrieren. Heroische 3 Wochen
bleiben die Arbeiter standhaft, dann sind ihre vom Hunger ausgemer-
gelten Körper nicht mehr in der Lage, Carnegies Gier zu widerste-
hen.[30] Wie viele Kleinkinder in diesen Tagen und Wochen verhun-
gert sind, verrät uns keine Statistik. Was uns die Statistik aber verrät,
ist, dass Carnegie letztendlich durch diese Maßnahmen imstande ist,
die Löhne um 33 Prozent zu kürzen.[31]

Bei seinem Tod am 11. August 1919 beläuft sich das Vermögen des
Tycoons, nach heutigen Maßstäben, auf 85 000 000 000 Dollar. Gespendet hat er davon keinen Cent. Sein Biograf Les Standiford
schreibt: »Es ist unglaublich, dass Carnegie unfähig war, den riesigen
Unterschied zwischen seinen philanthropischen Ansichten und sei-

nem machiavellistischen Handeln zu erkennen.« Carnegie habe zeit seines Lebens »ein Teufel auf der einen Schulter gesessen«[32]. So viel zu dem Mann, dessen Prinzipien Buffett und Gates als Heilslehre ansehen.

2.2 | Die BMGF als Instrument zur Kapitalmaximierung

Auf der von Carnegie propagierten, aber nie selbst gelebten Philanthropie aufbauend, hat der Microsoft-Gründer inzwischen eine eigene Sicht der Dinge entwickelt. Anlässlich seines Abschieds aus Microsofts operativem Geschäft am 24. Januar 2008 nennt er seinen Ansatz vor dem Weltwirtschaftsforum in Davos »kreativen Kapitalismus« beziehungsweise »katalytische Philanthropie«. Darunter versteht er, »alle Werkzeuge des Kapitalismus« dafür einzusetzen, »das Versprechen der Philanthropie mit der Macht der Privatwirtschaft zu verknüpfen.«[33]

Wie der freie Journalist Tim Schwab schreibt, handelt es sich dabei um »eine neue Form der Wohlfahrt, bei der die Nutznießer, die am direktesten profitieren, nicht immer die Ärmsten auf dieser Welt sind, sondern die Reichsten, und bei der das Ziel nicht darin besteht, den Bedürftigen zu helfen, sondern den Reichen dabei zu helfen, den Bedürftigen zu helfen«[34].

Im Mittelpunkt von Gates philanthropischen Aktivitäten steht die schon mehrfach erwähnte »Bill & Melinda Gates Foundation«, kurz BMGF. Die Eheleute Gates gründen sie »offiziell« im Jahr 2000. In ihr gehen zwei andere Stiftungen auf: die Gates Learning Foundation und die William H. Gates Foundation.[35] Die Ziele der BMGF lauten: weltweite Verbesserung der Gesundheitsversorgung, Bekämpfung von extremer Armut sowie denen einen Zugang zu Bildung und Informationstechnologie zu verschaffen, die bislang keinen hatten. Bis zur Corona-Pandemie liegt der Schwerpunkt der Stiftungstätigkeit in der Bekämpfung von Malaria sowie der Kinderlähmung. Treuhänder

Abb. 11

der BMGF sind Bill und Melinda Gates sowie Warren Buffett. Zu ihnen gesellt sich im Vorsitz noch Bills Vater William H. Gates sr.; die Geschäftsleitung hat derzeit Mark Suzman inne. Die Stiftung verfügt über ein Vermögen, welches das Bruttosozialprodukt von über 70 Prozent aller Länder der Welt übersteigt: gut 50 000 000 000 Dollar; rund die Hälfte davon stammt von Warren Buffett. Damit ist die BMGF die reichste Privatstiftung der Welt – und die mächtigste.

Wie Gates das Geld und die Macht der Stiftung einsetzt, das hat 2016 die britische Nichtregierungsorganisation »Global Justice Now« in einer Studie mit dem Titel: »Gated Development: Is the Gates Foundation always a force of good?« untersucht. Darin räumt sie auf mit der Vorstellung vom Wohltäter und Heilsbringer Gates.

»Der Weltöffentlichkeit wird der Mythos verkauft, dass private Philanthropie viele Lösungen für die Probleme der Welt bereithält, während sie die Welt vielmehr in viele falsche Richtungen drängt. […] Die Untersuchung der BMGF-Programme zeigt, dass die Stiftung, deren Führungskräfte größtenteils bei US-amerikanischen

Großkonzernen tätig sind, multinationale Konzerninteressen unterstützt – zulasten der sozialen und ökonomischen Gerechtigkeit.

Die Strategie der Stiftung sieht vor, die Rolle multinationaler Unternehmen im Bereich der globalen Gesundheit und insbesondere in der Landwirtschaft zu stärken, obwohl genau diese Unternehmen maßgeblich für die Armut und Ungerechtigkeit verantwortlich sind, die ohnehin schon den Globalen Süden drangsalieren. [...] Zudem ist die Stiftung der weltweit größte Investor bei der Erforschung genmanipulierter Nutzpflanzen.«[36]

Letztlich bestätigt die Studie von »Global Justice Now« nur das, was ohnehin schon jeder aufmerksame und kritische Verfolger des Weltgeschehens geahnt hat. »Das Programm der BMGF ist keine neutrale, wohltätige Strategie, für die die Welt einem reichen Mann Dank schuldet, der sich entscheidet, sein Geld guten Dingen zu spenden. Analysen der Stiftungsprogramme zeigen, dass dahinter eine Agenda steht – es ist eine spezifisch ideologische Strategie, die neoliberale Politiken fördert, die Globalisierung von Unternehmen für Unternehmen vorantreibt, und dies mithilfe von Technologien und einer längst veralteten Vorstellung von der Zentralstellung von Almosen in der Hilfe für ›die Armen‹.«[37]

Laut der britischen NGO schleust die BMGF sage und schreibe 4 500 000 000 Dollar am US-amerikanischen Finanzamt vorbei. Die Gelder legt die Stiftung über karibische Steuerparadiese in Aktien an, zum Beispiel von BP, ExxonMobil, Coca-Cola, Procter & Gamble, Wal Mart, McDonald's und einer Anzahl weiterer Großkonzernen mit fragwürdigem Ruf und Geschäftsgebaren.[38] Allein bei Coca-Cola verfügt die Stiftung über Anteile in Höhe von 500 000 000 Dollar. Da verwundert es nicht, wenn es die BMGF dem Brausegiganten ermöglicht, 50 000 kenianische Kleinbauern mit Knebelverträgen zu verpflichten, Passionsfrüchte für den Export anzubauen.[39]

Die linksliberale US-amerikanische Wochenzeitschrift *The Nation* hat sich näher mit dem Spendenverhalten der Stiftung beschäftigt. Demnach hat die BMGF in den zurückliegenden 20 Jahren 19 000-mal

Abb. 12

gespendet, wobei nahezu 2 000 000 000 Dollar auf steuerlich absetz-bare Spenden an Privatgesellschaften entfielen. Der Trick dahinter: Zum einen handelt es sich bei den bedachten Firmen in der Regel um Unternehmen, an denen die Stiftung beteiligt ist, zum anderen ist das Ganze steuerschonend.

Wie das funktioniert, demonstriert ein Beispiel aus dem Jahre 2014, von dem die Autorin und Universitätsprofessorin Linsey Mc-Goey berichtet. Damals spendet die BMGF 19 000 000 Dollar an eine Tochter des Kreditkartenunternehmens Mastercard, um die »Nutzung digitaler Finanzprodukte unter den armen Erwachsenen in Kenia zu steigern«. Es geht also um eine Markterschließung, und in der Tat hat Mastercard in den Jahren zuvor bereits starkes Interesse daran bekundet, in Bälde möglichst viele der 2,5 Milliarden Menschen ohne Bankkonto als neue Kunden begrüßen zu dürfen.[40] Nur: Wofür braucht es da die Spende eines vermögenden Philanthropen? Und warum erhalten Bill und Melinda Gates Steuervergünstigungen dafür?

Diese Fragen drängen sich umso mehr auf, als die BMGF über Warren Buffetts Investmentfirma Berkshire Hathaway, die dieser in die Stiftung eingebracht hat, an Mastercard beteiligt ist. Dass das US-amerikanische Gesetz einen eher laxen Umgang mit solch einem windigen Gebaren pflegt, macht die Sache nicht besser. Der schwerreiche selbst ernannte Menschenfreund verweigert mittels seiner

Steuersparmodelle seinen Beitrag an der Errichtung von Schulen, Kindergärten, Krankenhäusern oder sonstigen Einrichtungen, die der Allgemeinheit zugutekommen. Wie soll man so ein Verhalten nennen? Philanthropisch sicherlich nicht.

Zwar prahlt Gates gerne damit, er habe mit 10 000 000 000 Dollar mehr Steuern gezahlt als sonst jemand. Nachprüfen lässt sich das freilich nicht; die BMGF verweigert jegliche Einsicht in Gates' Steuererklärung. Aber angenommen, es wäre so und Bill Gates hätte tatsächlich 10 000 000 000 Dollar Steuern gezahlt, so steht dem die Einschätzung einer Reihe von Steuerexperten entgegen, die besagt, dass sich Multimilliardäre aufgrund der Steuervorteile, die mit dem wohltätigen Engagement einhergehen, über Steuerersparnisse in der Größenordnung von 40 Prozent freuen können. Im Falle von Bill Gates wären das 14 000 000 000 Dollar.[41]

Dass es sich hierbei – genauso wie bei der Behauptung von Gates: »Geld bedeutet mir nichts«[42] – nur um Pose handelt, verdeutlicht ein Interview vom November 2019. Gates wird gefragt, ob er aufseiten der demokratischen Senatorin Elizabeth Warren stehe, die Milliardäre mittels »Wealth Tax« (Vermögenssteuer) stärker zu besteuern plant. Gates windet sich um eine eindeutige Antwort herum, verweist auf die ominösen mehr als 10 000 000 000 Dollar, die er bereits an Steuern gezahlt habe, und wartet dann mit einer völlig absurden Aussage auf: »Wenn ich 20 000 000 000 Dollar zahlen müsste, ist das in Ordnung, aber wenn Sie sagen, dass ich 100 000 000 000 Dollar zahlen soll, dann fange ich an, ein wenig zu rechnen, was mir übrig bleibt.«[43] Als wenn bei einem geschätzten Vermögen von 107 000 000 000 Dollar selbst nach Abzug der erwähnten 100 000 000 000 Dollar nicht immer noch genügend übrig bleiben würde, um drei Mahlzeiten pro Tag auf den Tisch zu bringen. Was hier aus ihm spricht, ist die blanke Panik, etwas von seinem unendlichen Reichtum abgeben zu müssen. Um das zu verhindern, ist er sogar bereit, einen seiner angeblichen Erzfeinde, Donald Trump, zu wählen, den er ansonsten gar nicht genug beschimpfen kann.

Abgesehen davon verbreitet Gates Falschinformationen. Denn tatsächlich sieht der Plan der demokratischen Senatorin keineswegs wie vom ihm behauptet eine Besteuerung von 90 Prozent vor, sondern lediglich von 6 Prozent.[44] Kaum vorstellbar, dass Gates davon nichts weiß.

2.3 | Die BMGF im Globalen Süden

Aber kommen wir von den Ängsten des Bill Gates, bald vielleicht nur noch mit 7 000 000 000 Dollar auskommen zu müssen, zu den angeblich menschenfreundlichen Aktivitäten der BMGF im Globalen Süden. Diese zeichnen sich vor allem dadurch aus, dass sich in ihnen staatlich organisierte Hilfsmaßnahmen mit privaten Geschäftsinteressen und politischen Ambitionen verbinden. Auf Kosten der Ärmsten der Armen.

Da ist zum Beispiel die von der Rockefeller- und der Gates-Stiftung gegründete »Alliance for a Green Revolution in Africa« (AGRA), eine »nach wie vor ungenügend beachtete Monsterallianz«[45].

Als einer der beiden Hauptgeldgeber hat die BMGF die AGRA seit 2006 mit mehr als 420 000 000 Dollar unterstützt. Daneben finanzieren noch über ein Dutzend Institutionen und Regierungen die Allianz, unter anderem die Regierungen von Dänemark, Großbritannien, Luxemburg, Norwegen, Schweden, Ghana, Kenia und der USA. Damit ist sie die einflussreichste Lobby-Organisation für industrielle Agrarwirtschaft auf dem Schwarzen Kontinent.[46]

Wie eng die BMGF über die AGRA mit der privatwirtschaftlichen Agrarlobby sowie den politischen Entscheidungsträgern verbunden ist, verrät ein Blick auf die personellen Verflechtungen. Der ehemalige CEO der BMGF Jeff Raikes sitzt beispielsweise im Aufsichtsrat der AGRA, wo er außer auf den ehemaligen UN-Generalsekretär Kofi Annan noch auf Pamela K. Anderson trifft, die, wie der Zufall es will, Direktorin des »Agricultural Development Program« der BMGF ist.

Gleichzeitig sind Leute wie ein gewisser Sam Dryden Teil des Direktoriums der BMGF, der vorher 25 Jahre lang in den Diensten von Monsanto gestanden[47] und den der englische *Guardian* einmal als »weltweit mächtigste Person im Agrarwesen« bezeichnet hat.[48] Dort wiederum kann sich Dryden der Gesellschaft von Rob Horsch erfreuen, der es während seiner 25 Jahre bei Monsanto bis zum Vize-Chef des Konzerns gebracht hat und nun nicht nur im Direktorium der Gates-Stiftung, sondern auch noch in dem der AGRA sitzt. Horsch gilt überdies als Gentechnik-Pionier, der über eine klare Zielvorgabe verfügt: »Meine Mission: die Ernteerträge zu verbessern mit den besten und zweckmäßigsten Wissenschaften und Technologien, darunter der Biotechnologie, um die Probleme in Regionen wie Subsahara-Afrika zu lösen.«[49]

Inzwischen ist die Allianz in vierzehn afrikanischen Ländern vertreten, angeblich im Kampf gegen die Armut. Jedoch wird diese Behauptung bereits beim Blick auf die Schwerpunkte der AGRA-Aktivitäten der Lüge überführt. Die liegen nämlich in Ghana, Mali, Mosambik und Tansania, also jenem Teil von Afrika, den UN-Experten als »Brotkorb-Region« bezeichnen.

Statt um Armutsbekämpfung geht es der AGRA vorrangig um die Erschließung neuer Märkte. Aus diesem Grunde setzen sich die Lobbyisten der Allianz dafür ein, nur noch zertifiziertes Saatgut, nämlich genmanipuliertes Hybridsaatgut, für den Handel zuzulassen. Gleichzeitig soll den Kleinbauern per Gesetz untersagt werden, ihr Saatgut miteinander zu tauschen.[50]

Dass sich die Gates-Stiftung über die verheerenden Folgen ihrer Aktivitäten durchaus im Klaren ist, geht aus ihrer landwirtschaftlichen Strategie für die Jahre 2008 bis 2011 hervor. Darin spricht sie ganz offen über die sozialen Konsequenzen: »Im Verlauf der Zeit wird diese Strategie eine gewisse Landmobilität und einen geringeren Anteil von direkt in der Landwirtschaft Beschäftigten erfordern.«[51] Was hier in feinstem Neusprech formuliert ist, bedeutet in der Realität die Auflösung traditioneller Strukturen und damit einhergehend

Abb. 13

die Vertreibung eines Teils der Kleinbauern in die Elendsviertel afrikanischer Megastädte oder übers Mittelmeer nach Europa.

Dagegen erheben sowohl die La Via Campesina, die globale Föderation von Kleinbauernorganisationen, als auch das Weltsozialforum in Nairobi Protest. Letzteres verabschiedet am 25. Januar 2007 eine Erklärung, deren Titel aussagekräftig genug ist: »Afrikas Reichtum an Saatgutvielfalt und bäuerlichem Wissen – bedroht durch die ›Grüne Revolution‹-Initiative von Gates- und Rockefeller-Stiftung«[52].

Wie viel die Proteste bringen, nämlich gar nichts, offenbart sich schon bald. So betreibt beispielsweise das »Internationale Institut für Nutzpflanzenforschung der semi-ariden Tropen«, kurz ICRISAT, dessen jährliches Budget von rund 50 000 000 Dollar zur Hälfte von der Gates-Stiftung finanziert wird, die Forschungsstation Matopos in Simbabwe. Über mehrere Jahre hinweg sammeln die Mitarbeiter der Station das Saatgut verschiedener traditioneller Hirse- und Sorghum-Sorten ein. Bezahlen müssen sie dafür nichts, die Kleinbauern überlassen es ihnen kostenlos. Sie sollen es bitter bereuen. Denn die ICRISAT entwickelt ausgehend von dem geschenkten Saatgut und mithilfe der Gentechnologie »verbesserte« Sorten, die seit 2010 an kommerzielle Saatgutfirmen veräußert werden. Dieses Saatgut wiederum wird den Kleinbauern, die zuvor so hilfsbereit wie spendabel ihr Wertvollstes hergegeben haben, dann ganz einfach zurückverkauft.[53]

An dieser Stelle darf natürlich der Name Monsanto nicht fehlen. Der Saatgutriese erhält wie andere Chemie- und Agrarkonzerne

(Cargill, DuPont Pioneer, Dow Chemicals, BASF oder Bayer) auch BMGF-Spenden in Millionenhöhe. Aber dabei bleibt es nicht. Gleichzeitig ist die Gates-Stiftung über umfangreiche Aktienpakete eng mit den Geschäftsinteressen ihres Partners und Spendenempfängers verbunden, sodass sich Stiftungsarbeit und deren unternehmerische Interessen stets wunderbar ergänzen. Wie in Afrika, wo Monsanto zu den Konzernen gehört, die seit Beginn der 2000er-Jahre, also seitdem Afrika im globalen Maßstab ins Zentrum der Aufmerksamkeit gerückt ist, den Landraub in großem Maßstab befördern. Besonders fruchtbare Gebiete, in denen es viel regnet oder die generell über einen guten Zugang zu Trinkwasser verfügen, werden dabei bevorzugt »erworben«. Der Gesamtschaden für Dörfer in der ganzen Welt beläuft sich auf geschätzte 35 000 000 000 Dollar im Jahr. 18 der 28 am meisten geschädigten Länder liegen in den Regionen Afrikas, in denen die BMGF tätig ist.[54] Wir haben im Präludium gesehen, was das heißt.

Ein weiteres Beispiel für Gates' Verständnis von Philanthropie sind die Machenschaften der Firma Cargill, des weltweit größten Produzenten und Händlers von Soja. Die BMGF unterstützt den Konzern mit einem 8 000 000-Dollar-Projekt, um in Ländern wie Mosambik und Sambia die »Wertschöpfungskette von Soja zu entwickeln«.[55]

Damit laufen Teile von Afrika Gefahr, ähnliche Erfahrungen zu machen wie weite Landstriche in Lateinamerika, wo Cargill bereits riesige Monokulturen bestehend aus genmanipuliertem Soja angelegt hat. Tausende Kleinbauernfamilien sind dafür von ihren angestammten Ländereien vertrieben worden. Nun wiederholt sich das Ganze auf dem afrikanischen Kontinent. Und als wäre das nicht genug, handelt es sich bei den Soja-Käufern vor allem um große Fast-Food-Ketten wie Kentucky Fried Chicken, deren Expansion auf dem afrikanischen Markt ebenfalls durch das Projekt unterstützt wird.

Und schließlich sei noch ein letztes Exempel angeführt, um zu illustrieren, was die Gates-Stiftung im Agrarsektor unter Wohltätigkeit versteht. Die Rede ist von 34 000 000 Dollar, die die BMGF an die

»World Cocoa Foundation« gespendet hat. Dabei handelt es sich um eine Non-Profit-Organisation, deren erklärtes Ziel es ist, »die Markt- und Produktivitätseffizienz zu erhöhen und das Einkommen der Bauern in Westafrika zu sichern«. Ein hehres Ziel, möchte man meinen. Tatsächlich geht es aber wieder einmal um eine Markterschließung zugunsten jener Konzerne, die auf vielerlei Arten mit der BMGF verbunden sind. Die kleinen Kakaobauern verdienen indes immer weniger. Sind es 1980 noch 16 Prozent gewesen, die ein Kakaobauer von einer in einem deutschen Supermarkt verkauften Tafel Schokolade erhält, so ist dieser Anteil inzwischen auf 6,6 Prozent gesunken, was einem Tageseinkommen von 0,50 Dollar entspricht.[56]

Bei diesen Zahlen nicht berücksichtigt ist das menschliche Leid, das die von der BMGF unterstützten Konzerne mit ihren Geschäftspraktiken verursachen. So schuften alleine an der Elfenbeinküste, dem weltgrößten Kakaoproduzenten, über 1 150 000 Kinder unter unmenschlichen Bedingungen auf den Feldern der Kakaomultis. Sie sind zuvor von Menschenhändlern als Arbeitssklaven an die Plantagen verkauft worden. Dort müssen sie, bewacht und angetrieben von bewaffneten Aufsehern, bis zu 15 Stunden täglich hart arbeiten. Dazu

Abb. 14: Monokulturen zerstören in Südamerika die traditionelle Landwirtschaft

Abb. 15: Bis zu 15 Stunden täglich müssen Kinder als Arbeitssklaven – wie hier in einem Steinbruch – schuften.

gehört, giftige Pestizide zu versprühen – ohne Schutzkleidung, versteht sich.[57]

Möchte man die Aktivitäten der BMGF im Agrarbereich bewerten, so kommt man nicht umhin festzustellen, dass sich die Stiftung nicht für die notleidenden Menschen in Afrika einsetzt, sondern für die Interessen der großen Agrarkonzerne. Für deren Profit greift sie die Lebensgrundlagen derer an, die sie zu unterstützen vorgibt.

2.4 | Aktivitäten der BMGF im Gesundheitsbereich

Ein ähnlich großes, wenn nicht noch größeres Engagement als bei der Erschließung neuer Märkte für die großen Agrarkonzerne, mit denen die BMGF auf vielfältige Weise verflochten ist, legt die Gates-Stiftung im Gesundheitsbereich an den Tag. Das ist nicht weiter verwunderlich, steht doch die Gesundheitsvorsorge in den Ländern des

Globalen Südens am Beginn der Wohltätigkeitsaktivitäten des Ehepaares Gates.

Nach Melinda Gates' Angaben sind die beiden darauf gestoßen, als sie nach einem Thema gesucht haben, dem sich vor allem die beschäftigungslose Melinda widmen konnte. Wie es das Klischee verlangt, sind es afrikanische Kinder, die sterben müssen, obwohl sie leben könnten, die den Anstoß gegeben haben:»Das wurde schließlich für uns zum Auslöser, uns Gedanken über die Weltgesundheit zu machen. Und wir erkannten, dass wir hier etwas verändern konnten.«[58]

Die Vermessenheit, die in diesen Worten liegt, spiegelt sich im Auftreten der Stiftung wider. 2018 spendet die BMGF über 200 000 000 Dollar an die Weltgesundheitsorganisation (WHO). Das ist mehr, als Deutschland, Frankreich und Schweden im gleichen Zeitraum zusammen zahlen. Damit ist die Stiftung nach den USA die größte Spenderin der WHO. Hinzu kommen noch weitere Zuwendungen, beispielsweise jene, die die Impfallianz GAVI, »Global Alliance for Vaccines and Immunisation« (Globale Allianz für Impfstoffe und Immunisierung), beisteuert. 2018 sind das immerhin weitere 150 000 000 Dollar. Die BMGF gehört zu den Hauptgeldgebern der GAVI, im Jahre 2016 beläuft sich beispielsweise die Summe der Zahlungen auf satte 1 500 000 000 Dollar.[59] In Anbetracht dieser direkten und indirekten Finanzierung kann man wohl davon sprechen, dass Bill und Melinda Gates sowie Warren Buffett die Hauptsponsoren der WHO sind. Ohne die Gelder der BMGF würde »die WHO womöglich in sich zusammenfallen«[60].

Verstärkt wird die Abhängigkeit der WHO von der BMGF durch den Umstand, dass die meisten der gespendeten Gelder zweckgebunden sind. Das heißt, die Gates-Stiftung stellt das Geld nicht einfach zur Verfügung, sondern gibt das Projekt vor, das damit finanziert werden soll. Dadurch degradiert die Stiftung die WHO zu einem Handlanger, bestenfalls Dienstleister bei der Durch- und Umsetzung ihrer Interessen.

Diese sind wie stets zunächst einmal finanzieller Natur. Beispielsweise wenn die BMGF der WHO »empfiehlt«, bei ihrer Auftragsvergabe vor allem Pharmakonzerne wie Merck, GlaxoSmithKline, Novartis und Pfizer zu berücksichtigen, alles Unternehmen, die ebenfalls in den Genuss diverser Millionenspenden seitens der Stiftung kommen. Die weitere Vorgehensweise kennen wir aus dem Agrarsektor. Die BMGF ermöglicht den Pharmakonzernen, mit denen sie verbunden ist, unter dem Deckmantel einer international agierenden Non-Profit-Organisation einen Marktzugang in Afrika und Asien. Darüber könnte man hinwegsehen, würden die umgesetzten »marktbasierten Lösungen« nachhaltig greifen. Doch sie wirken nur punktuell und nicht strukturell, wodurch die Gesundheitssysteme der ärmeren Länder ausgehebelt werden. Aber das spielt keine Rolle. Der Profit ist wichtiger. In welchen Größenordnungen sich das Ganze abspielt, mag der Umstand verdeutlichen, dass 2015 die vollständige Impfung eines Kindes mit ein und demselben Medikament 68-mal mehr kostet als 10 Jahre zuvor.

Dass die BMGF in dieser Angelegenheit nicht Teil der Lösung, sondern Teil des Problems ist, beweist die Antwort der Stiftung auf die Forderung der Nichtregierungsorganisation »Ärzte ohne Grenzen«, den Preis von Impfpräparaten gegen Lungenentzündung von 60 Dollar pro Einheit auf 5 Dollar zu senken. Lungenentzündungen sind im Globalen Süden nach wie vor die häufigste Todesursache bei Kindern unter 5 Jahren. Pfizer und GlaxoSmithKline, die einzigen Hersteller von entsprechenden Mitteln, wiegeln ab, dafür laufen die Geschäfte zu gut. Zwischen 2009 und 2015 verdienen sie über 19 Milliarden US-Dollar allein mit ihren Impfungen. Und auch die BMGF erhebt keinen Einspruch. Stattdessen lässt sie verlautbaren, dass eine Preissenkung die Pharmakonzerne abschrecken würde, im Globalen Süden tätig zu werden.[61]

Außer zur Befriedigung seiner finanziellen Interessen nutzt Gates die WHO sowie ein Geflecht von anderen überstaatlichen Organisationen zur Durchsetzung seiner ganz persönlichen Agenda. Und die heißt: Impfung aller Menschen auf der Erde. Das jedenfalls erklärt er in einem Interview der *Tagesthemen*.

Um dieses Ziel zu erreichen, hat die BMGF ein mächtiges Netzwerk aus den verschiedensten, von der Gates-Stiftung abhängigen Organisationen aufgebaut. Es reicht von der WHO und der schon erwähnten Impfallianz GAVI über die »Koalition für Innovationen in der Epidemie-Vorbeugung« (CEPI), die sich mit der Erforschung und Entwicklung von Impfstoffen beschäftigt und deren Gründung im Jahr 2017 die BMGF mit rund 100 000 000 Dollar finanziert, bis hin zur Nichtregierungsorganisation »PATH«, die sich mit der Entwicklung von Impftechnologien befasst und sich ebenfalls über Millionenzuwendungen der Stiftung freuen kann.[62]

In diesem Zusammenhang soll nicht unerwähnt bleiben, dass auch öffentliche Institutionen, die in der Coronakrise zentrale Rollen spielen, Nutznießer der Stiftung sind. Vorneweg die amerikanische Johns Hopkins University. Sie hat regelmäßig Großspenden der Stiftung zu verzeichnen. Das in Sachen Covid-19 deutsche Gegenstück zur John-Hopkins-Universität, das Robert-Koch-Institut (RKI), wird von der Gates-Stiftung ebenfalls bedacht. Das RKI erhält im November 2019 250 000 Dollar. Außerdem gehen 2019 und Anfang 2020 300 000 Dollar an die Charité, wo Prof. Christian Drosten seinen Dienst verrichtet, der mit seinen Analysen und Prognosen die Wahrnehmung des Virus in Deutschland und die daraus folgende Politik maßgeblich beeinflusst hat.[63]

2.5 | »Event 201« und Gates' Impfwahn

Natürlich steht es jedem frei, diesen Zahlen und Bill Gates' Zielvorgabe von der Totalimpfung der Menschheit kein Gewicht und keine Bedeutung beizumessen. Schließlich kennt man das aus eigener Erfahrung: Manchmal übertreibt man in einem Gespräch, weshalb man Äußerungen nicht auf die Goldwaage legen sollte. Außerdem, so könnte man fortfahren, ist Gates auch nur ein Mensch und nicht frei von Fehlern. Alles in allem ist er aber doch einer der Guten, ein Menschenfreund und Philanthrop, der Geld und Macht für die Gesundheit der Menschen im armen Globalen Süden einsetzt. Was will man mehr? So hat man sich die Reichen und Superreichen doch immer gewünscht.

Es ist dies genau das Bild, das Bill Gates von sich in der Öffentlichkeit präsentiert sehen will: der edle Wohltäter der Menschheit. Dafür vergibt die BMGF insgesamt rund 250 000 000 Dollar an Medienunternehmen und andere Gruppen.[64] In Deutschland profitieren davon unter anderem der *Spiegel*, der im Dezember 2018 2 500 000 Dollar erhält, oder *Die Zeit* mit 300 000 Dollar im Dezember 2019. Investitionen, die sich derzeit auszuzahlen scheinen.

Dieser Eindruck entsteht zumindest, wenn man sich das dröhnende Schweigen der Mainstream-Presse hinsichtlich der Verwicklungen des Bill Gates in die Coronakrise und die gleichzeitig immer schärfer werdenden Angriffe gegen seine Kritiker vergegenwärtigt. Verschwörungsspinner, Covidioten oder CoroNAZIS sind noch die harmloseren Beschimpfungen, die Kritiker des Microsoft-Gründers und dessen Machenschaften über sich ergehen lassen müssen. Gerne werden sie auch als psychisch labil und gestört dargestellt. Und warum? Weil sie zum Beispiel auf eine Veranstaltung mit dem Namen »Event 201« hinweisen und sich diesbezüglich Fragen stellen. »Event 201« bezeichnet eine Pandemiesimulation, an der am 18. Oktober 2019 unter anderem Vertreter der CIA, der chinesischen Behörde für Seuchenkontrolle und Prävention, der NBC Universal Media, der Lufthansa und der Weltbank teilnehmen. Veranstalterin ist neben dem World Economic Forum und einigen US-Pharma- und Medienkonzernen die BMGF.

In dem 3-stündigen Treffen sollen Maßnahmen trainiert werden, um eine Pandemie einzudämmen und gleichzeitig die ökonomischen Folgeschäden möglichst gering zu halten. Die Ausgangslage des Planspiels lautet wie folgt:

Ein neues SARS-ähnliches Coronavirus, wenngleich aggressiver, breitet sich von Schweinefarmen in Brasilien in südamerikanische Großstädte aus, gelangt durch Flugreisende in die USA und nach China und von dort in die ganze Welt. Die Infizierten und Toten verdoppeln sich zunächst jede Woche, die wirtschaftlichen und sozialen Folgen werden immer heftiger.[65] Damit ist genau jenes Szenario beschrieben, das 2 Monate später nicht in Brasilien, sondern in Wuhan, China, seinen Ausgang nimmt und uns nach wie vor in Atem hält.

Warum aber berichten die von Gates mit Spenden bedachten Presseorgane in Deutschland nicht oder nur in aller Kürze, quasi um der Reporterpflicht wenigstens halbwegs zu genügen, über dieses Treffen? Warum gehen sie der Angelegenheit nicht auf den Grund, anstatt Gates als Wohltäter zu verherrlichen und diejenigen, die auf das Offensichtliche aufmerksam machen, als geisteskrank zu verunglimpfen?

Das ist vor nicht allzu langer Zeit noch anders gewesen. 2017 titelt *Zeit Online*: »Der heimliche WHO-Chef heißt Bill Gates«.[66] Etwas mehr als 3 Jahre später ist eine solche Schlagzeile in einem der

Abb. 16: Indische Schülerinnen werden als Versuchskaninchen missbraucht.

vielen Verlautbarungsorgane der Regierung und damit auch der BMGF schlichtweg unvorstellbar. Sie ist im Sommer 2020 gleichbedeutend mit dem Ausschluss aus der Welt der Schönen, Reichen und Mächtigen.

Ebenso undenkbar ist die Vorstellung, dass die Verheerungen, für welche die BMGF und der Impfwahn ihres Namensgebers in Afrika und Asien verantwortlich zeichnen, in naher Zukunft und breiter Öffentlichkeit thematisiert werden. Dabei wäre es für die Bevölkerung doch interessant, Näheres über den Mann zu erfahren, der sich in den Kopf gesetzt hat, alle Menschen, also auch die Deutschen, zu impfen. Ein Mann, von dem Robert Kennedy jr. sagt: »Impfstoffe sind für Bill Gates eine strategische Philanthropie, die seine vielen mit Impfstoffen verbundenen Geschäfte […] nährt und ihm diktatorische Kontrolle über die globale Gesundheitspolitik gibt – die Speerspitze des Neoimperialismus der Unternehmen.«[67]

Schauen wir beispielsweise nach Indien. Dort hat 2009 die Organisation »PATH«, zu deren wichtigsten Beratern Bill und Melinda Gates gehören, eine von der BMGF finanzierte Beobachtungsstudie mit Impfstoffen gegen humane Papillomaviren, HPV, an 24 000 Schülerinnen im Alter von 10 bis 14 Jahren durchgeführt. »PATH« versucht, die Eltern der Kinder mit Geldzahlungen zu locken, damit sie ihre Einwilligung zu den Tests geben. Offiziell ist eine solche unerlässlich, inoffiziell aber nimmt man es nicht so genau. Wo die Einwilligung fehlt, weiß man sich zu helfen. Was umso einfacher ist, da es nicht unüblich ist, dass ein Fingerabdruck die Unterschrift ersetzt. Oder aber eine Krankenschwester unterzeichnet kurzerhand das Formular, das ein Mädchen zu einem Versuchskaninchen macht.

Da verwundert es nicht, dass es sich bei der angeblichen »Beobachtungsstudie« in Wahrheit um eine nicht angemeldete Forschungsstudie an minderjährigen Mädchen handelt. Mindestens sieben Schülerinnen verlieren infolge der Tests ihr Leben, ungezählt sind die, die mit Nebenwirkungen wie Gewichtsverlust, Kopfschmerzen, Krampfanfällen, Schwindel oder Menstruationsproblemen zu kämpfen haben.

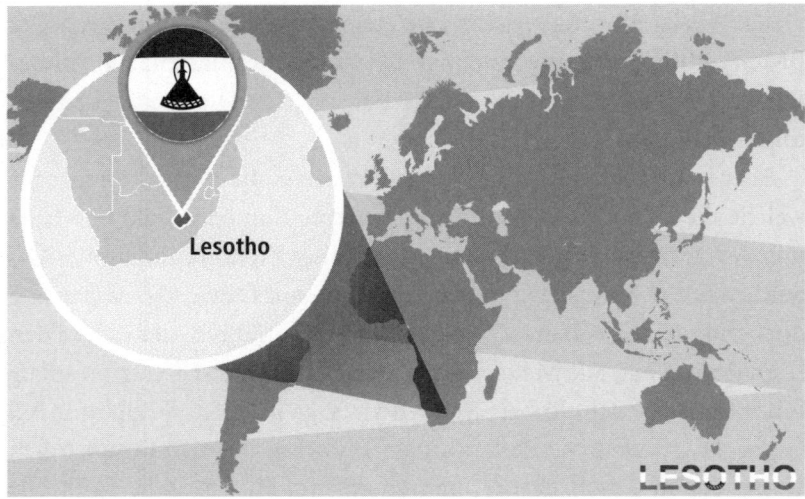

Abb. 17

Dies ist bei Weitem nicht der einzige Fall, bei dem die indische Bevölkerung von Pharmakonzernen, mit denen die BMGF verflochten
ist, als Versuchskaninchen missbraucht wird, sodass der *Spiegel* 2012
Indien das »Paradies für Pharmakonzerne« nennt.[68] In der ersten
Hälfte 2017 schließlich verbannt die indische Regierung die BMGF
aus Indien aufgrund von Interessenkonflikten.[69]

Zum Abschluss dieses Kapitels sei eine kurze und traurige Geschichte erzählt, die noch einmal verdeutlicht, wie wenig durchdacht
und konstruktiv die Hilfe der BMGF ist. Sie spielt in Lesotho, wo
2007 10 Tage vor Weihnachten die kleine Mankuebe im Queen Elizabeth Hospital zur Welt kommt. Aber etwas geht schief, Komplikationen treten auf. Mankuebes Mutter Matsepang Nyoba, noch ge-
schwächt vom Blutverlust während der Geburt, schafft es nicht,
aufzustehen und Hilfe zu holen. Es befinden sich keine Schwestern
oder Ärzte in Rufweite. Das Krankenhaus ist unterbesetzt. So stirbt
Mankuebe nur wenige Stunden nach ihrer Geburt.[70]

Lesotho ist eines der ärmsten Länder der Welt, die Kindersterb-
lichkeit wird mit rund 6 Prozent angegeben. Zum Vergleich: In

Deutschland liegt sie bei 0,3 Prozent. Die BMGF operiert in dem Land und stellt Medikamente zur Verfügung. Allerdings fehlt es in Lesotho vor allem an medizinischem Personal; der dauerbankrotte Staat kann Ärzten, Krankenschwestern und Pflegern keine Löhne zahlen. So kommen die Medikamente niemals bei den Kranken an. Eine Lösung könnte darin bestehen, dass die BMGF, statt Medikamente zu liefern, dem Staat hilft, die Löhne für das medizinische Personal zu zahlen. Dies allerdings unterlässt die BMGF, da nach eigenen Aussagen das Gesundheitssystem aufgrund des Personalmangels zu ineffizient sei.

3 | Bill Gates' Ideologie

Wer Menschheit sagt, will betrügen.

(Carl Schmitt)

Es gibt gewiss nicht viele, auch nicht viele Superreiche, die von sich behaupten können, sie hätten noch zu Lebzeiten maßgeblich einen Zeitgeist mitgestaltet. Bill Gates kann das von sich sagen. Er hat sozusagen das Betriebssystem zur Globalisierung geliefert. Und das geht über die verschiedenen *Windows*-Varianten hinaus.

Würde es sich bei ihm und seinem Einfluss auf die gesellschaftlichen und politischen Zustände bloß um ein kulturelles beziehungsweise kulturhistorisches Phänomen handeln – man könnte sich in Ruhe zurücklehnen und die Entwicklung mit mehr oder weniger großem Interesse verfolgen. Doch das geht nicht. Bill Gates und seinesgleichen haben sich in den Kopf gesetzt, die Welt und die Menschen vor sich selbst zu retten. Wobei das nur die anderen betrifft, sie selbst müssen nicht gerettet werden. Schließlich sind sie im Besitz der Wahrheit und wissen, wie man das Menschengeschlecht noch auf Erden in ein paradiesisches Zeitalter führt.

Auf dem Weg dorthin setzen sie ihr Geld ein, um bequem an politische Macht zu gelangen. Wobei Bill Gates und seine superreichen Konsorten nicht daran interessiert sind, wirklich Politik zu machen. Denn das hieße, sich mit Argumenten anderer auseinanderzusetzen und gemeinsam einen Kompromiss zu finden. Abgesehen davon, dass sie sich niemals dazu herablassen würden, zählen für sie nur ihre ganz persönlichen Maximalforderungen. Daher scheuen sie das Votum der Wähler und agieren vorbei an demokratischen Prozessen. Diese sind im Endeffekt nur hinderlich bei der Erlösung des Menschengeschlechts.

3.1 | Superreiche kaufen Macht – drei historische Beispiele

Seit jeher bilden Reichtum und Macht zwei Seiten ein und derselben Medaille. Sie bedingen einander. Deutlich wird dies beim Blick in die Geschichte. Sie ist voll von Superreichen, die sich politische Macht kaufen.

Da ist zum Beispiel Marcus Licinius Crassus (115/4–53 v. Chr.). Er stammt aus einer Familie, die seit dem Zweiten Punischen Krieg (218–202 v. Chr.) zur Nobilität Roms zählt. Den Grundstein für sein Vermögen legt er nach dem Bürgerkrieg zwischen Sulla und Marius, den der Erstgenannte 82 v. Chr. für sich entscheidet. Bei den anschließenden blutigen Säuberungen gegen die Anhänger des Marius bereichert sich Crassus, der in Diensten des Siegers steht, derart, dass sogar Sulla diesbezüglich sein Missfallen äußert.

In den folgenden Jahren macht sich Crassus unter anderem dadurch einen Namen, dass er der Ewigen Stadt die erste professionelle

Abb. 18:
Marcus Licinius Crassus
(115/4 v. Chr.–53 v. Chr.)

Feuerwehr der Weltgeschichte spendiert. Jedoch ist die Motivation dahinter wohl nicht ganz so uneigennützig, wie es zunächst den Eindruck hat. Bis heute halten sich Gerüchte, denen zufolge Crassus seine Sklaven ausschickt, um überall in Rom Feuer zu legen, die dann von der Feuerwehr bekämpft werden. Allerdings erst, nachdem die Hausbesitzer ihr Eigentum für kleines Geld an Crassus überschrieben haben. Es ist ein lohnendes Geschäft. Nach heutigen Maßstäben beläuft sich das Vermögen des Römers auf rund 12 000 000 000 Dollar.[71] Das Geld legt er in eine Karriere als Politiker an. 60 v. Chr. bildet Crassus gemeinsam mit Pompeius und Caesar das erste Triumvirat und läutet damit den Anfang vom Ende der Römischen Republik ein.

Ein anderer Superreicher, der sich politische Macht erkauft, ist Jakob Fugger, genannt »der Reiche« (1459–1525). Die Fugger gelten schon lange vor der Geburt von Jakob als die reichste Familie Augsburgs. Grund ist ein florierender Baumwollhandel mit Norditalien.

Abb. 19: Jakob Fugger, gen. »der Reiche«, (1459–1525) gemalt von Albrecht Dürer

*Abb. 20: Maximilian I,
römisch-deutscher Kaiser,
gemalt von Albrecht Dürer*

Als Jakob Fugger ab 1485 die ausschweifende Hofhaltung des Tiroler Landesfürsten Erzherzog Sigmund mit Krediten finanziert, wird der Thronfolger auf dem Kaiserthron, Maximilian I., auf »den Reichen« aufmerksam. Es ist dies der Beginn einer Beziehung, an deren Ende der Kaiser in einer Größenordnung bei Fugger verschuldet ist, dass dem Augsburger gar nichts anderes übrig bleibt, als weiter in den Habsburger zu investieren. »Too big to fail« in seiner spätmittelalterlichen Variante.

Dies führt letztendlich dazu, dass Jakob Fugger 1520, nachdem Maximilian I. ohne männlichen Nachkommen verstorben ist, nicht umhinkommt, die römisch-deutsche Krone für Karl V., den Enkelsohn von Maximilian, zu kaufen. Ansonsten wäre das Haus Fugger bankrott gewesen. Die Kaiserkrone kostet ihn 852 000 Gulden. Das Geld verteilt sich auf die Kurfürsten, in deren Hand die Wahl des zukünftigen Herrschers liegt. Die Summe ist für damalige Verhältnisse gewaltig, doch das Geld ist gut angelegt. Nicht nur, dass Karl V. Maximilians Schulden bedient. Zudem weiß sich Karl für die Kaiser-

Abb. 21:
John. D. Rockefeller

krone angemessen zu revanchieren. 1522 richten sich Ermittlungen des Reichstags in Nürnberg gegen den Fugger. Der Verdacht unerlaubter Monopolbildung steht im Raum. Doch der Kaiser würgt das Verfahren mit einem Federstrich ab. »Der Reiche« bleibt in der Folge quasi unantastbar. Außerdem beschert ihm Karls Herrschaft über ein Reich, in dem die Sonne niemals untergeht, neben unermesslichem Reichtum eine bis dahin nicht gekannte Machtfülle.

Als drittes und letztes Beispiel für die Käuflichkeit politischer Macht sei der wahrscheinlich reichste Mann der Menschheitsgeschichte, John D. Rockefeller (1839–1937), erwähnt. Umgerechnet auf heutige Verhältnisse beträgt sein Vermögen rund 340 000 000 000 Dollar.

Mit seinem Unternehmen »Standard Oil« kontrolliert er zwischenzeitlich 90 Prozent des weltweiten Ölgeschäftes. Sein Credo lautet: »Konkurrenz ist eine Sünde«.[72] Und weil er als gläubiger Baptist der Sünde abgeschworen hat, erpresst er Eisenbahnunternehmen, kauft Senatoren und bringt die Prohibition politisch auf den Weg[73], da er befürchtet, Henry Ford könnte Alkohol als Kraftstoff verwenden, was den Ölpreis drücken würde. 1910 ist John D. Rockefeller der meistgehasste Mann in den USA.[74]

Wie weit sein politischer Einfluss tatsächlich reicht, offenbaren die Ereignisse rund um das Ludlow-Massaker am 20. April 1914. Diesem Tag vorausgegangen sind monatelange Revolten ausgehungerter Minenarbeiter Rockefellers in Ludlow, Colorado, die gegen schlechte Arbeitsverhältnisse und zu niedrige Löhne protestieren. Hierbei ist anzumerken, dass die Löhne nicht in US-Dollar ausgezahlt werden, sondern in Form einer Privat-Währung Rockefellers, die nur in dessen Geschäften akzeptiert wird.

An jenem 20. April 1914 lässt Rockefeller sowohl privat aufgestellte Milizen als auch die Nationalgarde, immerhin ein staatliches Sicherheitsorgan, ausrücken.[75] Am Ende dieses Tages sind 25 Männer und unzählige Frauen und Kinder tot. Nicht wenige von ihnen verbrennen bei lebendigem Leib in den mit Kerosin getränkten und angezündeten Zelten, in denen sie während der Auseinandersetzung wochenlang gehaust haben.[76]

Abb. 22: Nach dem Ludlow-Massaker

In den folgenden 10 Tagen kommt es überall in den USA zu schweren, bürgerkriegsähnlichen Ausschreitungen. Erst der massive Einsatz der Armee, die anders als die Nationalgarde in dem Konflikt als neutral angesehen wird, kann die Gewalt beenden. Insgesamt sterben viele Dutzend Menschen.

Vergolten wird ihr Tod niemals. Denn trotz der offensichtlichen mörderischen Brutalität, mit der Rockefellers Milizen und die Staatsgewalt gegen die Arbeiter von Ludlow vorgehen, kommt es zu genau einer Anklage und Verurteilung. Und die trifft einen Leutnant der Nationalgarde, der für einen Kolbenschlag auf den Kopf eines später ermordeten Gewerkschafters verurteilt wird. Ansonsten gibt es keinerlei juristische Konsequenzen.

Abschließend sei noch John D. Rockefeller zitiert, der bei einer Anhörung, die anlässlich des Massakers vor dem US-Kongress stattfindet, erklärt:»Um meine Rechte zu schützen, würde ich mit Freuden mein gesamtes Vermögen opfern und alle meine Angestellten töten.«[77]

3.2 | Die Käuflichkeit politischer Macht nach dem Zweiten Weltkrieg bis heute

Mit dem Aufkommen der drei großen materialistischen Ideologien – Kommunismus, Sozialismus und Faschismus – in den 1920er- und 1930er-Jahren treten an die Stelle des einzelnen Superreichen, der sich politischen Einfluss kauft, Konzerne, deren Vorstände zwar immer noch aufs Engste mit der Macht verbunden sind. Jedoch ist ihr politischer Einfluss letztendlich beschränkt. Während sich vorher das Geld den Staat zum Untertanen macht, ist es in den Ideologiestaaten umgekehrt. Hier sind die Konzerne der jeweiligen Weltanschauung unterworfen und nicht mehr als Instrumente zur Durchsetzung derselben. Man denke diesbezüglich nur an die Rolle der IG Farben bei der Vernichtung der europäischen Juden.

Nach dem Ende des Zweiten Weltkrieges werden aus den Weltanschauungskonzernen wieder eigenständige politische Machtfaktoren. Ihre Möglichkeiten zur Einflussnahme sind allerdings beschränkt, jedenfalls in der noch jungen Bundesrepublik. Zum einen, weil sich in der neu geschaffenen Bundesrepublik das System der Sozialpartnerschaft etabliert. Sie verleiht allen gesellschaftlich relevanten Gruppen eine Stimme, verpflichtet sie aber gleichzeitig, Konflikte untereinander friedlich auszutragen und im Sinne des Konsenses beizulegen. Zum anderen demokratisieren sich, wenn auch nur langsam, die Eigentümerstrukturen. Einzelherrscher über Firmenimperien sind an der Börse nicht gefragt. Stattdessen geben nun Vorstände und Aufsichtsräte den Ton an, die wiederum Aktionären verpflichtet sind.

Die Superreichen verbleiben in dieser Zeit eher im Hintergrund. In der Regel führen sie ein zurückgezogenes Leben hinter hohen Mauern und scheuen das Licht der Öffentlichkeit. Für sie interessiert sich vornehmlich die Regenbogenpresse der Republik.

Was aber nicht heißt, dass sie nicht weiterhin versuchen, politisch ein Wörtchen mitzureden. In der Regel erfolgt dies über Parteispenden.

Abb. 23: Druckerstreik in Köln, 1973

Abb. 24: Bulle und Bär vor der Frankfurter Börse

Man denke nur an das Jahr 1980 zurück, als der deutsch-österreichische Milliardär und Chef des Flick-Konzerns, Friedrich Karl Flick, mittels großzügiger, illegaler Parteispenden an die CDU in die »Pflege der politischen Landschaft«[78] investiert und damit die Bonner Republik erschüttert.

Während im Kalten Krieg die politische Einflussnahme des Kapitals in Westdeutschland gebändigt zu sein scheint, sieht es international anders aus. Großkonzerne forcieren die Destabilisierung rohstoffreicher Regionen vor allem in Afrika. Dahinter steht eine simple Kalkulation: Es ist billiger, Gold, Diamanten oder Kupfer unter der Hand von Rebellen oder Kriminellen zu kaufen als auf einem geregelten Markt. Also heuern sie Söldner an, die dafür sorgen, dass der Strom billiger Edelmetalle und -steine aus Afrika nicht versiegt. Einer von ihnen ist Siegfried Müller, der es in der Bundesrepublik der 1960er-Jahre unter dem Namen »Kongo-Müller« zu einiger Prominenz bringt. Der *Stern* widmet ihm Mitte der 1960er-Jahre eine große mehrteilige Reportage und macht ihn damit weltberühmt. Die Blutspur, die er und sein Kommando 52 durch Afrika ziehen, findet dabei freilich nur am Rande Erwähnung.[79]

In den 1990er-Jahren ändert sich dann die Qualität der politischen Einflussnahme durch Großkonzerne ein weiteres Mal. Der Zusammenbruch des Sowjetreiches sorgt für ungeahnte Perspektiven. Nun liegt mit einem Mal das vorher aufgrund der Zweiteilung der Welt unzugängliche Erdöl des Nahen und Mittleren Ostens in Reichweite US-amerikanischer Ölmultis. Es wird ihnen nicht schwergefallen sein, den texanischen Ölindustriellen auf dem Präsidentenstuhl, George Bush senior, davon zu überzeugen, in ihrem Sinne aktiv zu werden. Schließlich würde eine US-amerikanische Kontrolle über die Ölquellen eine sehr unangenehme Abhängigkeit der Supermacht beenden.

Der weitere Verlauf ist bekannt. Mit dem ersten Irak-Krieg 1991 gelingt es den USA, in der Region Fuß zu fassen. Bushs Nachfolger, Bill Clinton, setzt die aggressive Außenpolitik am Persischen Golf fort, indem er eine Flugverbotszone über dem Irak ausruft und, wann immer möglich, Radar- oder Flugabwehrstellungen im Golfstaat bombardiert.

George W. Bush junior vollendet dann scheinbar das Werk seines Vaters. Am 20. März 2003 greift er den Irak an. Kriegsgrund sind

Abb. 25: Vereidigung von George Bush senior, 20.01.1989

Abb. 26: George Bush junior mit Gerhard Schröder, 2001

angebliche Massenvernichtungswaffen, mit denen Saddam Hussein die Welt, vor allem aber die USA, ins Unglück stürzen will. Diese Behauptung erweist sich bald, wie so vieles andere auch, als schamlose Lüge. Keine Lüge hingegen sind die vielfach dokumentierten Regime-Change-Pläne der US-Regierung sowie die Verflechtungen zwischen den Profiteuren des zweiten Irak-Krieges – Bau-, Erdöl- und Sicherheitsunternehmen – und der Bush-Administration. Da kann es dann schon einmal passieren, dass der Mob die Gelegenheit erhält, die Museen in Bagdad zu plündern und Kulturschätze der Menschheit in den Staub der Gosse zu treten, weil Truppen fehlen, die für Ordnung sorgen. Diese werden für die Sicherung der Ölfelder im Süden des Landes gebraucht.

Die Herrschaft der letzten analog ausgerichteten multinationalen Großkonzerne währt allerdings im beginnenden 21. Jahrhundert nicht lange. Die digitale Revolution spült eine neue Generation einzelner Superreicher nach oben, die sich mit ihren Unternehmen seit spätestens Ende der 2010er-Jahre als Taktgeber des Weltgeschehens aufspielen. Mit ihnen reüssiert, wie gesehen, ein Modell aus vordemokratischen Zeiten. Der einzelne Superreiche, der die Politik als

Instrument zur Durchsetzung seiner ganz persönlichen Interessen betrachtet – er ist wieder da.

Allerdings gibt es einen großen Unterschied zwischen den früheren politisch aktiven Superreichen beziehungsweise Großkonzernen und den aktuellen. Crassus, Fugger und Rockefeller nehmen genauso wie Halliburton oder ExxonMobil politisch Einfluss, um Geschäfte zu machen, Profite einzustreichen, Geld zu verdienen. Bei Steve Jobs, Elon Musk, Mark Zuckerberg, Jeff Bezos und eben bei Bill Gates verhält es sich vollkommen anders. Bei ihnen steht nicht der Mammon im Vordergrund, sondern eine weltumspannende gesellschaftspolitische Agenda. Sie befinden sich auf einer Mission.

3.3 | Wer sind die Missionare?

Bevor wir näher darauf eingehen, um welche Mission es sich handelt und welches Ideologiegebäude dahintersteht, wollen wir uns zunächst mit eben jenen Repräsentanten dieser neuen Generationen von missionarischen Superreichen oder superreichen Missionaren

Abb. 27:
Elon Musk

beschäftigen und mit der jeweiligen Rolle, die sie innerhalb der neu entstandenen Aristokratie des digitalen Feudalismus bekleiden.

Elon Musk beispielsweise, der Mitgründer von PayPal und heutige Tesla-CEO, nimmt innerhalb dieser Gruppe die Rolle des kreativen Visionärs ein. Er hat der Elektromobilität zum Durchbruch verholfen; nun schickt er sich an, mit seinem Unternehmen SpaceX die Raumfahrt zu kommerzialisieren. Außerdem engagiert er sich in vielerlei Projekten, die sich mit der Vereinigung von Mensch und Maschine befassen.

Mark Zuckerberg hingegen stellt so etwas wie den großen Kommunikator der missionarischen Superreichen dar. Facebook hat die Form unserer Kommunikation grundlegend revolutioniert. Ob zum Guten oder Schlechten, sei dahingestellt, wichtig ist nur, dass er eine zweite, digitale Wirklichkeit erschaffen und ganz erheblich zu der folgenschweren Illusion beigetragen hat, das Internet würde die Welt in ein Dorf verwandeln.

Abb. 28: Mark Zuckerberg

Abb. 29: Jeff Bezos   *Abb. 30: Steve Jobs*

Jeff Bezos, der Vater von Amazon, ist anscheinend so etwas wie die Krämerseele im Klub der superreichen Missionare. Er, der in den Menschen vor allem zufriedenzustellende Kunden zu sehen scheint, erkennt früh das Potenzial des Online-Handels. In der Folge zieht er mit Amazon einen gigantischen weltumspannenden Tante-Emma-Laden auf, der unser aller Einkaufsverhalten unumkehrbar verändert hat.

Sie alle eifern dem Übervater der digitalen Revolution nach, dem Gründer von Apple, Steve Jobs. Musk strebt ihm in Sachen Eleganz und Design nach, Zuckerberg im Hinblick auf einen lässigen Auftritt und Bezos mit der Fortsetzung der Geschäftsidee von Jobs.

Jobs ist der Erste gewesen, der nicht nur ein Produkt, sondern einen ganzen Lifestyle verkauft hat. Kaufe Apple und du gehörst zu den Guten, zu einer sozialen Elite – das ist die Botschaft, die die Produkte mit dem angebissenen Apfel bis heute im Subtext herausschreien. Apple ist es gelungen, Design, Lifestyle und Ideologie miteinander zu verschmelzen. Es nimmt daher nicht wunder, wenn gleichzeitig mit der Etablierung von Apple als Marke der Progressiven, der Modernen und Jugendlichen die »Verlifestylung« der Moral einsetzt.

Bill Gates verbindet, wie bereits erwähnt, ein schwieriges und besonderes Verhältnis mit Jobs. Letzterer stellt das dar, was der Erste nicht ist, aber gerne sein würde. Der Apple-Gründer ist für den Microsoft-Gründer daher gleichermaßen Gegner und Vorbild.

Dass Jobs auf dem Höhepunkt seines Erfolgs an Krebs erkrankt und wie ein Erleuchteter dem Ende entgegengeht, hat viel bei Gates ausgelöst. Umso mehr versucht er, die Leerstelle, die der Tod des Rivalen hinterlassen hat, auszufüllen und dessen Werk fortzuführen. Jedoch auf die Art und Weise, die ihm sein Charakter vorgibt. Und das bedeutet: Während Jobs die Herausforderung, die »Welt zu einem besseren Ort« zu machen (siehe unten), hauptsächlich ästhetisch beantwortet, sieht Gates die Lösung dafür in der Kontrolle eines jeden Einzelnen.

Nachfolgend werden wir noch genauer auf die Instrumente eingehen, die zu diesem Zweck eingesetzt werden sollen, nämlich Nanomaschinen. So viel sei allerdings jetzt schon erwähnt: Man kann die Idee dahinter als Weiterentwicklung des iTunes-Konzepts von Steve Jobs betrachten. Dieses hat seinerzeit das Verhältnis von Produzenten und Konsumenten vollkommen auf den Kopf gestellt. Eine abgeschlossene Konsumwelt, die den Nutzer, also den Kunden, in ein bizarres Abhängigkeitsverhältnis presst, was dieser nicht nur ergeben und treu akzeptiert, sondern worüber er sich vielmehr glücklich zeigt. Es ist dies genau der Zustand, den Gates gesellschaftlich zu verwirklichen versucht. Nur eben auf einer anderen Ebene.

3.4 | Die »Kalifornische Ideologie«

Kommen wir aber nun zu der Ideologie, in deren Namen nicht nur, aber auch die Gründer von Apple, Facebook, Amazon und Microsoft missionieren. Sie ist noch relativ jung, bestimmt aber dennoch das

Leben von Milliarden Menschen. Gemeint ist die »Kalifornische Ideologie«.

Der Begriff stammt von den britischen Sozialwissenschaftlern Richard Barbrook und Andy Cameron. »Kalifornisch« nennen die beiden dieses neue Ideenkonstrukt deshalb, weil an dessen Beginn die Liaison der kulturellen Boheme aus San Francisco mit den Hightech-Industrien des Silicon Valley steht; beide Orte liegen im sogenannten Sonnenstaat.

In der Kalifornischen Ideologie verbindet sich der »freischwebende Geist der Hippies mit dem unternehmerischen Antrieb der Yuppies«[80]. In der Theorie klingt das zweifellos bizarr. Schließlich schien es lange Zeit, als gebe es keinen größeren Widerspruch als den zwischen einem »langhaarigen Bombenleger« und einem »Master of the Universe«. In der Realität des frühen 21. Jahrhunderts zeigt sich, dass Hippies und Yuppies anscheinend doch mehr eint als gemeinhin angenommen. In gewisser Hinsicht könnte man sogar von einer gegenseitigen Ergänzung sprechen. Der radikale soziale und kulturelle Liberalismus der einen verleiht dem hohlen Materialismus der anderen Seite moralische Tiefe. Dementsprechend wenig unterscheiden sich ihre Vorstellungen von dem Utopia, das die einen wie die anderen noch im Diesseits zu verwirklichen wünschen. Im Kern geht es beiden um die grenzenlose Eine-Welt, bevölkert von unterschiedslosen Einheitsmenschen ohne Herkunft, dafür aber ausgestattet mit fluider Identität.

So schreiben der US-amerikanische Literaturwissenschaftler Michael Hardt und der italienische Philosoph Antonio Negri, zwei Ikonen der linken Eine-Welt-Bewegung, in ihrem in deutschen Medien als Nachfolger des Kommunistischen Manifests gefeierten Buch *Empire*: »Fern aller aufklärerischen oder kantianischen Träumereien […] verlangt die Menge nicht nach einem kosmopolitischen Staat, sondern nach einer gemeinsamen Spezies. In einer Art säkularem Pfingstfest vermischen sich die Körper, und die Nomaden sprechen eine gemeinsame Sprache.«[81]

Bei Bill Gates klingt das dann folgendermaßen: »Der Informations-Highway wird alle nationalen Grenzen überwinden und zu einer Weltkultur oder zumindest einem regen Austausch von kulturellen Aktivitäten und Werten führen. [...] Dies könnte die kulturelle Vielfalt stärken und den Tendenzen zur Bildung einer einzigen großen Weltkultur entgegenwirken.«[82]

Wie sich die Hohepriester der Kalifornischen Ideologie diese Eine-Welt-Kultur vorstellen, demonstriert ein Blick in die Firmenzentralen der Tech-Giganten. Sie haben nichts mehr gemein mit den Konzernzentralen vergangener Tage. Das beginnt schon beim Namen. Um sich von der analogen Wirtschaft abzuheben, bevorzugt man in der digitalen Welt den universitären Begriff Campus.

Hier zelebriert die virtuelle Elite ihre Vorstellung von der »Schönen Neuen Welt«. Abgeschlossen von der Lebenswirklichkeit der überwältigenden Mehrheit der Menschen außerhalb und unter Hunderten und Tausenden von Kollegen, Gesinnungsgenossen und Glaubensbrüdern und -schwestern wird aus Arbeit ein Lebensgefühl, ein Lifestyle. Klassische Büros mit festen Arbeitszeiten gibt es nicht mehr.

Abb. 31: Der Microsoft-Campus

Stattdessen scheint die gleichermaßen junge, reiche, gut aussehende, coole und vollvernetzte Campusbevölkerung nur nach Lust und Laune zu arbeiten. Steht einem eher der Sinn nach ein wenig Fitness, besucht man eines der campuseigenen Fitnesscenter, fühlt man sich müde, zieht man sich in einen der Ruheräume zurück, hat man zwecks Zerstreuung das Bedürfnis, auf einem Springball durch die Flure zu reiten, so steht dafür eine reiche Auswahl an Spielgeräten zur Verfügung, in allen Farben des Regenbogens.

Apropos Regenbogen: Selbstverständlich herrscht auf einem Campus ein Klima höchster Toleranz. Alle sind gleich, alle haben sich lieb, niemand darf aufgrund seines tatsächlichen oder erfühlten Geschlechts, seiner sexuellen Ausrichtung, seiner Hautfarbe, Ansichten oder Religion benachteiligt werden.

Was sich hier zeigt, das ist die Banalität des Guten. Ein Menschen- und Weltbild, das geradewegs aus einer Krabbelgruppe zu stammen scheint. Dazu passt, dass derjenige, der aus der Reihe tanzt und sich nicht den Anweisungen der Erzieher*innen unterwirft, unverzüglich aus der Gruppe der braven Kinder ausgegrenzt wird.

Das muss ein Mann namens James Damore erfahren, der im Sommer 2017 die von Google durchgeführten »Unconscious Bias«-

Abb. 32:
James Damore

Seminare als unwirksam hinsichtlich der angestrebten Frauenförderung kritisiert.

Bei diesen Seminaren handelt es sich um eine Art Antidiskriminierungsprogramm, bei dem den Teilnehmern angeblich vorhandene, unbewusste Vorurteile ausgetrieben werden sollen. In der Wissenschaft sind solche Veranstaltungen höchst umstritten, selbst die Erfinder sprechen sich gegen diesen Exorzismus für den Hausgebrauch aus.[83]

Als Damore, selbst ausgebildeter systemischer Biologe, nun in einer zahlen- und faktenbasierten Ausarbeitung vorschlägt, die Frauenförderung auf Grundlage naturwissenschaftlicher Erkenntnisse neu auszurichten[84], hat das Folgen. Ohne weiter auf Damores Ausarbeitung einzugehen, lässt die Leiterin der Abteilung Diversity bei Google, Danielle Brown, die später selbst wegen eines Sexskandals Google verlassen muss[85], verlautbaren: »Ein Teil des Aufbaus eines offenen, integrativen Umfelds bedeutet die Förderung einer Kultur, in der sich diejenigen mit alternativen Ansichten, einschließlich unterschiedlicher politischer Ansichten, beim Austausch ihrer Meinungen sicher fühlen. Dieser Diskurs muss aber nach den Prinzipien gleicher Beschäftigungschancen, formuliert im Verhaltenskodex, unseren Richtlinien und den Antidiskriminierungsgesetzen, erfolgen.«[86] Das gilt freilich nicht für Damore und seine »alternativen Ansichten, einschließlich unterschiedlicher politischer Ansichten«. Er wird gefeuert.

3.5 | Bill Gates als Hohepriester der »Kalifornischen Ideologie«

Was nun Bill Gates angeht, so kann man ihn getrost als Vorzeige-Repräsentanten der Kalifornischen Ideologie bezeichnen. Er scheint auf geradezu exemplarische Weise die Verbindung von Hippie und Yuppie zu verkörpern. Aufgewachsen und sozialisiert an Eliteschulen und -universitäten in den USA der 1960er- und 1970er-Jahre, hat er das missionarische Eine-Welt-Dogma der studentischen Kulturrevolution tief verinnerlicht. Ein Problem, dies mit seinem darwinistischen Marktverständnis in Einklang zu bringen, hat Gates nicht. Die neue Computertechnologie und deren Potenzial, den Gang der Dinge global und grundlegend zu verändern, wirken eher als Verstärker für Gates' narzisstisches Sendungsbewusstsein. Er sieht sich als Avantgardist, als jemand, der dazu berufen ist, die Menschheit in ein goldenes Zeitalter zu führen.

Nach dem Treffen mit Buffett am 5. Juli 1991 weiß er auch, wie er das bewerkstelligen kann. Seither versucht Gates, sich der Öffentlichkeit als philanthropischer Milliardär zu präsentieren, der Geld, Macht und Geschäftssinn in den Dienst der Rettung des Menschengeschlechts stellt.

Neben der Gesundheitsvorsorge – wir haben gesehen, was die BMGF zum Beispiel in Indien darunter versteht – ist ein zweiter Schwerpunkt der Arbeit der Gates-Stiftung die Geburtenkontrolle. Sie ist dem Milliardär ein ideologisches Herzensanliegen. Denn für Gates besteht die Ursache für all die Probleme, mit denen sich die Welt herumzuschlagen hat, ausschließlich in der Überbevölkerung.

Das ist freilich nicht vollkommen falsch. In der Tat stellt die wachsende Erdbevölkerung eine der großen Herausforderungen für die Zukunft dar. Wenn Gates jedoch die gewaltige Verantwortung verschweigt, die der grenzenlos agierende, entfesselte Finanzkapitalismus an der wachsenden ökonomischen Ungleichheit in der Welt trägt, dann zeigt der Microsoft-Gründer sein wahres, neoliberales Gesicht.

Davon abgesehen bedarf es zur signifikanten Senkung der Geburtenrate weit mehr als der nur punktuellen, dafür aber umso öffentlichkeitswirksameren und lukrativeren Aktionen, die die BMGF initiiert. Mit demselben Geldbetrag, mit dem die Stiftung die Experimente ihres Namensgebers finanziert, hätte man durch Investitionen, die der Wirtschaft, der Infrastruktur oder dem Gesundheitssystem der von der BMGF heimgesuchten Länder zugutekommen, weitaus mehr be-

wirken können. Auch und gerade unter dem Aspekt der Geburtenkontrolle, um die es Gates und seiner Stiftung ja vorgeblich geht.
Schließlich hängt die Geburtenrate untrennbar zusammen mit dem
Lebensstandard der Bevölkerung. Es ist eine einfache Rechnung: je
größer der Wohlstand, desto weniger Kinder. Aber das braucht Geld
und Zeit. Über das Geld verfügt Gates, Zeit hat der »ungeduldige Optimist« (Gates über Gates) indes nicht. Er will Erfolge sehen, sofort.
Koste es, was es wolle.

Diese Fakten ignorierend ist Bill Gates gewillt, das Problem mit
der Überbevölkerung auf einem anderen, ihm vertrauteren Weg,
nämlich mittels Impfungen, anzugehen. Um zu erfahren, was damit
gemeint ist, hören wir dem Microsoft-Gründer am besten selbst zu.
Bei einem TED-Talk sagt er 2010: »Auf der Welt leben heute 6,8 Milliarden Menschen. Das steigt auf etwa 9 Milliarden an. Wenn wir nun
bei den neuen Impfstoffen, der Gesundheitsfürsorge und der Familienplanung wirklich gute Arbeit leisten, könnten wir diese Zahl viel-

*Abb. 33: Plastik zum Thema Überbevölkerung
im Neanderthal Museum, Mettmann*

leicht um 10 oder 15 Prozent senken.«[87] Bis es so weit ist, veranschaulicht das Vorgehen von Gates und seiner Stiftung vor allem in Afrika noch ein weiteres Problem der Kalifornischen Ideologie. Die Rede ist von der Aushebelung des Sozialstaates, einem der zentralen Glaubensprinzipien sowohl von Bill Gates als auch der kalifornischen Gesinnung. Die Aufgaben des Staates sollen global agierende Konzerne übernehmen, weil diese nach Ansicht von Gates und Konsorten über das nötige Know-how verfügen, derartige Projekte zu managen. Das Ziel ist klar, es sollen Abhängigkeitsverhältnisse entstehen, die letztendlich in einen nicht wieder zu behebenden Bedeutungsverlust der Nationalstaaten münden.

In Afrika, wo die Länder arm sind und die sozialen Leistungen des Staates, wenn überhaupt, nur bescheiden ausfallen, ist das Gates und der BMGF bereits gelungen. Länder wie Lesotho hängen entweder direkt am Tropf der BMGF oder dem der WHO. Hier sei noch einmal daran erinnert, dass die BMGF über ein Stiftungsvermögen von rund 50 000 000 000 Dollar verfügt, eine Summe, die die Bruttosozialprodukte von circa 70 Prozent aller Länder weltweit übersteigt.

Im reichen Westen lassen sich derartige Abhängigkeitsverhältnisse zwischen dem Staat und der BMGF nicht herstellen. Aber das ist auch gar nicht nötig. In einem System, in dem so gefährlich simpel gestrickte Gemüter wie Heiko Maas, Claudia Roth oder Peter Altmaier über die Geschicke des Volkes bestimmen, braucht Gates mit seinen Plänen zur Neuordnung der Welt mit keinem nennenswerten Widerstand zu rechnen. Stattdessen trifft der Kirchenfürst der Kalifornischen Ideologie auf eine zutiefst gläubige Gemeinde, die jedes seiner messianischen Worte dankbar entgegennimmt.

3.6 | Infantilisierung und Moralisierung der Verhältnisse

Ein weiteres Hauptproblem des neuen Glaubens: die Infantilisierung der Zustände. Längst schon geht es nicht mehr nur um die IT-Branche. Der pubertierende Fanatismus der Kalifornischen Ideologie schickt sich an, die Welt nach den Vorstellungen wohlstandsverwahrloster, narzisstischer Kinder zu formen.

Demgemäß lautet das Mantra der Tech-Szene, die Welt zum Besseren verändern zu wollen. Auf die Spitze treibt es dabei Google, das seinen Aktivitäten bis 2018 allen Ernstes das Motto: »Don't be evil« voranstellt. Ein Ausspruch, wie er gut zu einer kindlich fanatisierten FFF-Grundschülerin passt, aber gewiss nicht zu einem Weltkonzern.

Eine ähnliche Assoziation stellt sich ein, betrachtet man als anderes Beispiel das Verhalten von Jack Dorsey, dem CEO von Twitter. Nach Dorseys eigenen Angaben ist es das erklärte Ziel des Unternehmens, die Welt durch seine Dienstleistungen zu einem besseren Ort zu machen.[88] Sekündlich werden auf der Plattform 8992 sogenannte

Abb. 34: Fridays for Future-Demonstration in Erfurt, September 2019

Abb. 35:
Jack Dorsey

Tweets veröffentlicht, das sind täglich nahezu 500 000 000 Textnachrichten.[89] Um die Spreu vom Weizen zu trennen, verwendet die Firma Hunderte von geheimen Algorithmen, die bestimmen, wer welche Nachrichten sieht. Twitter ist damit einer der wichtigsten Filter im Netz, der die kommunikative Realität unserer modernen Welt in Gut und Böse unterteilt.

Man könnte nun meinen, dass ein Mann wie Jack Dorsey die intellektuelle Herausforderung annimmt und sich selbst ein striktes Programm der Lektüre auferlegt, um sich auf die Spur von Gut und Böse durch die Philosophie, Sprachtheorie und Geschichte zu begeben, oder dass er sich bei den führenden Denkern unserer Zeit kundig macht, bevor er zur Tat schreitet. Wer das glaubt, der ist auf dem Holzweg. Dorsey hat so etwas offensichtlich nicht nötig. Er weiß auch so, was gut und richtig ist. So sieht er in dem täglichen 1-stündigen Fußmarsch zur Arbeit, in eiskalten Bädern und im wochenendlichen Verzicht auf zwei von drei Mahlzeiten einen ernsthaften Beitrag zur Rettung der Welt.[90] Der Eindruck von einer naiven, ja kindlichen Persönlichkeit verstärkt sich, wenn man ihn in persönlicher Kommunikation erlebt.[91] Weit entfernt davon, intellektuell brillant, vielseitig gebildet und von Weisheit geleitet den Fluss menschlicher Kommunikation zu regeln, erlebt man einen jungen stotternden Mann, dem das Ausmaß seiner Macht und Verantwortung überhaupt nicht zu Bewusstsein gekommen ist und dem es auch nicht zu Bewusstsein kommen kann.

Während der erwachsen gewordene Mensch den infantilen Idealismus der frühen Jahre irgendwann ablegt, weil er oder sie erkennt, dass es im zwischenmenschlichen Zusammensein nicht so einfach ist, wie man als Kind oder Pubertierender meint, haben die großen Kinder an den Schalthebeln auf allen Ebenen der Macht diesen Entwicklungsschritt nicht mitgemacht. Darunter zu leiden haben zum einen all jene, die nicht zu den Gläubigen und Profiteuren des kalifornischen Heilsglaubens gehören, und zum anderen die Demokratie in Deutschland.

Kommen wir noch einmal auf das langjährige Google-Motto »Don't be evil« zurück. Es weist auf einen anderen Aspekt hin, der die Kalifornische Ideologie zu einem Frontangriff auf die Demokratie in Deutschland und in der sonstigen westlichen Welt macht: die Moralisierung der Verhältnisse im Sinne des kalifornischen Wertekatalogs.

Hierbei ist es kein Zufall, dass die Hohepriester des neuen Glaubens so viel Energie und Engagement ausgerechnet auf das Geschlechtliche verwenden. Seit jeher herrscht derjenige über ein Volk oder eine Gesellschaft, der die Sexualmoral bestimmt. Dabei gilt: je autoritärer und totalitärer ein System, desto rigider die Sexualmoral. Da fallen einem natürlich zunächst einmal die Religionen ein, die darüber Macht über die Gläubigen ausüben. Allerdings sollte man nicht vergessen, dass moralische Rigorosität nicht immer mit Einschränkungen einhergeht. Wer heutzutage Promiskuität oder Homosexuali-

Abb. 36:
Das Motto
von Google
bis 2018

tät skeptisch gegenübersteht und/oder sein Missfallen oder Unbehagen gegenüber der Tatsache äußert, dass sexuelle Vorlieben inzwischen als ein politisches Programm gelten, der wird im Handumdrehen Opfer des Mobs.

Daher braucht der, der einmal ins Visier der Tugendwächter geraten ist, auf Hilfe gar nicht erst zu hoffen. Wer Unzucht mit einem Schwarzen Schwan getrieben hat, der verdient nichts anderes als Pranger und Scheiterhaufen. Mit so einem will sich keiner gemeinmachen, umso weniger, da bereits der persönliche Kontakt mit dem Verfemten ausreicht, um den moralischen Straftatbestand der Komplizenschaft zu begründen.

Im Übrigen aber ist das Wertegerüst der Kalifornischen Ideologie keineswegs konsistent oder frei von Widersprüchen. Dessen ist man sich auch bewusst, geht aber mit der Arroganz der Rechtgläubigen darüber hinweg. Viel wichtiger ist, was gerade der einen »großen Weltkultur« dient. Danach richtet man sich aus. Da kann es dann schon mal passieren, dass in der bunten Berliner Republik beispielsweise das Röntgen der Handknochen von »Flüchtlingen« zur Altersbestimmung als ein nicht hinzunehmender Eingriff in die körperliche Unversehrtheit der 16-jährigen, vollbärtigen Schützlinge des hellen Deutschlands gewertet wird. Was allerdings die Impfung der Bevölkerung angeht, notfalls unter Zwang durchgeführt, so sieht die Sache dann schon anders aus.

Solch doppelte Maßstäbe sind normalerweise ein eindeutiges Kennzeichen totalitärer Bewegungsstaaten. In solchen haben nicht Recht und Gesetz das Sagen, sondern die Gesinnung. Dies ist ihrem Ursprung geschuldet. Denn Bewegungen sind grundsätzlich nicht demokratisch, die Absolutheit der heiligen Idee, der sie folgen, steht dem entgegen. Utopia ist nicht zu diskutieren. Deshalb stellen Bewegungen auch keine Parteiprogramme auf, sondern Forderungskataloge. Wobei diese einerseits möglichst weit gefasst sind, sodass potenziell jeder, über Partei- und Ideologiegrenzen hinweg, einen Anknüpfungspunkt an die Bewegung finden kann. Andererseits zeugen die Forderungen einer Bewegung in der Regel von der angeblich höheren Moral der Bewegten, was sich wiederum aus der Heiligkeit der Idee ergibt. Wo aber die Moral das Argument ersetzt, sind Diskussionen oder Kompromisse nicht möglich, ist das Urprinzip der Politik außer Kraft gesetzt. In ihrem Kern sind Bewegungen daher unpolitisch.

Schlimmstes Beispiel hierfür ist der Nationalsozialismus, der sich als Verfechter einer höheren Moral aufspielt, sich als Retter wahlweise des deutschen Volkes oder des »deutschen Blutes« vor den Juden, Slawen, Bolschewiken und anderen »Untermenschen« zu inszenieren versteht. Unter dieser bereits im Kern verbrecherischen Vision lösen sich alle Widersprüche auf. Der Nationalsozialismus bietet allen Anschlussmöglichkeiten: Christen wie Atheisten, Progressiven wie Konservativen, Adligen wie Zuhältern.

Nach der »Machtergreifung« im Jahr 1933 formt Hitler die vormalige Weimarer Republik um zu einem Bewegungsstaat, in dem die Herrschaft des Rechts abgelöst wird von sittenlosen, entmenschlichten Tugendwächtern, die im Namen eines höheren moralischen Zwecks Menschen millionenfach zu Tode quälen.

3.7 | Moralischer Schattenstaat in der Berliner Republik

Es gehört zum Wesenszug totalitärer Bewegungs- und Ideologiestaaten, dass sich in ihnen im Laufe der Zeit Schattenstaaten entwickeln, die nicht mehr den Regeln und Gesetzen der öffentlichen Ordnung folgen, sondern dem bewegungseigenen Moralkodex.

So existieren im Dritten Reich am Ende nicht weniger als vier verschiedene Staaten nebeneinander. Neben dem offiziellen bilden SS, Wehrmacht und Partei noch drei weitere Schattenstaaten. Ähnlich sieht es in der DDR aus; hier existieren ebenfalls mehrere Staaten im

Staat. Da ist natürlich der der Sowjetischen Militäradministration in Deutschland, SMAD, der der SED und der des MfS.

Wie es zurzeit den Eindruck hat, scheint das bunte Deutschland an diese unselige Tradition anknüpfen zu wollen. Nicht nur, dass es sich bei der Berliner Republik als »Projekt« der 68er-Generation sowie einer Reihe von Anti-Bewegungen um einen Bewegungsstaat handelt. Außerdem hat sich zwischenzeitlich ein zweites, ungeschriebenes Gesetz etabliert, dem sich das geschriebene zunehmend unterzuordnen hat. Es folgt ethischen Gesichtspunkten und lässt sich im Prinzip in zwei Worten zusammenfassen: eigene Schuld. Letztendlich geht es um nichts anderes als darum, sich ständig seiner eigenen Sündenexistenz bewusst zu sein. Wir kennen diesen Mechanismus. Schuld und Angst sind wichtige Triebfedern totalitärer Herrschaft.

Das Gefühl von Schuld gehört zu den stärksten psychologischen Motivationen.[92] Um sich davon zu befreien, ist der Mensch bereit, so einige Anstrengungen, Schmerzen, Kosten oder sonstige Widrigkeiten in Kauf zu nehmen.

Im Christentum haben sich im Verlauf der vergangenen 2 Jahrtausende eine Reihe von Bußritualen ausgebildet, die für seelische Erleichterung sorgen. Dazu gehören Pilgerwanderungen, das Fasten,

Abb. 37: Johannes Tetzel, der wohl berühmteste Ablasshändler seiner Zeit, ca. 1460–1519

die Beichte und natürlich das Ablasswesen, das sich in der katholischen Kirche bis heute erhalten hat.[93] Der Vergebungsmechanismus hinter all den Ritualen und Bräuchen funktioniert immer gleich: Nach dem Bekenntnis der Sünden erfolgt die Absolution.

In einer Zeit, die sich ihrer Gottlosigkeit rühmt, sind solche Entlastung spendenden Bußrituale verloren gegangen und damit das Wissen um einen möglichen Umgang mit dem Gefühl der eigenen Schuld. Fatal wird dieser Verlust auf kollektiver Ebene. Das Gefühl gesellschaftlicher Schuld, in der christlichen Lehre mit dem Begriff der Erbsünde benannt, ist besonders mächtig. Unfähig, damit umzugehen, lasten die angeblichen oder tatsächlichen Sünden einer Gemeinschaft schwer auf jedem Einzelnen.[94] Dafür ist ein eigenes Fehlverhalten gar nicht notwendig, das der Vorfahren, bewertet nach den moralischen Maßstäben der Jetztzeit, reicht aus.

Ohne das Gefühl, der überwältigenden Schuld ohnmächtig ausgeliefert zu sein, lassen sich die bizarren Szenen, die sich im Herbst 2015 auf deutschen Bahnhöfen abspielen, nicht verstehen.

Aktuell ist zu beobachten, wie die fortgesetzte Unfähigkeit, mit einer gefühlten Schuld erwachsen umzugehen, ihren Ausdruck in der gleichermaßen hasserfüllten wie rassistischen Diffamierung des »alten, weißen Mannes« findet. »Der alte, weiße Mann ist unser Unglück!« – ist das Motto hauptsächlich junger und mittelalter weißer Männer und Frauen, die sich selbst als tolerant und antirassistisch bezeichnen und davon ganz gewiss auch überzeugt sind. Das zeigt, wie groß der psychologische Druck sein muss, wenn man noch nicht einmal in der Lage ist, einen derartigen Widerspruch zu erkennen. Die eigene Schuld wird als so überwältigend erfahren, dass nur die Rettung der gesamten Welt als Buße möglich erscheint. Das gilt für den gemeinen Gläubigen der Kalifornischen Ideologie genauso wie für einen ihrer Säulenheiligen: Bill Gates.

Dieser Zeitgeist hat inzwischen dazu geführt, dass sich neben dem Rechtsstaat in Deutschland ein bunter Schattenstaat etabliert hat, der mit jeder neuen Sau, die durch das mediale Dorf getrieben wird, an

Abb. 38: Rechtsstaat
oder Schattenstaat?

Macht gewinnt. Schon heute tun Richter, Staatsanwälte, Polizisten, Beamte und Politiker bis hinab auf lokale Ebenen gut daran, sich mit dem moralisch inspirierten, bunten Schattenstaat zu arrangieren. Das bedeutet vor allem, eine Causa nicht nach der gültigen Rechtslage zu bewerten, sondern nach den ethischen Vorgaben des parallelen Moralkodex. Ansonsten drohen berufliche Probleme, wenn nicht Schlimmeres. Im Deutschland des Jahres 2020 reicht weitaus weniger als ein moralisch falsches, aber rechtlich einwandfreies Gerichtsurteil aus, um zum Ziel des Mobs zu werden. Die, die für die Einhaltung der Gesetze in Deutschland zuständig sind, sind dabei ohne Rückendeckung seitens des Dienstherrn. Dies demonstriert die Posse um Horst Seehofer, der als Innenminister vor einer *taz*-Redakteurin, die zuvor Polizisten zu Müll erklärt hat, einknickt und damit seinen Untergebenen ins Gesicht spuckt. So erklären sich dann auch Gerichtsurteile, die aus einer Vergewaltigung oder einem Totschlag Kavaliersdelikte machen. Vorausgesetzt natürlich, Opfer- und Täterherkunft passen ins bunte Kalkül. Wobei die Opfer ganz schnell zu Tätern werden, sollten sie sich nicht klaglos damit abfinden wollen, dass ein Kapitalverbrechen mit ein paar Sozialstunden abgegolten wird.

Die Coronakrise demonstriert eindrücklich, wie weit sich das selektive Rechtsverständnis des Staates im Dienst der Kalifornischen Ideologie und zum Schaden der Einheimischen bereits verfestigt hat. Kritiker der Regierungsmaßnahmen werden mit teils brutaler Gewalt daran gehindert, ihr Recht auf freie Meinungsäußerung wahrzunehmen.[95] Muslime treffen da auf mehr Verständnis, sie können sich zu Hunderten zum Freitagsgebet in einer Berliner Moschee treffen – unbehelligt von der Staatsgewalt.[96]

3.8 | Das Private ist politisch, das Politische ist privat

Es verwundert nicht, wenn die bunte Republik im Allgemeinen und deren bunte Kanzlerin Angela Merkel im Besonderen nur Lob von der kalifornischen Priesterkaste erhalten. So findet Bill Gates, der sich bereits 1995 voll kindlicher Vorfreude danach sehnt, dass die modernen Telekommunikationssysteme »nationale Unterschiede einebnen und die Bedeutung nationaler Grenzen verringern«[97], nur lobende Worte für die Musterschülerin und »Weltkanzlerin«. Ihm zufolge »dürfen« die Deutschen »sehr stolz [...] sein«[98].

Die Schnittmenge zwischen Gates und der übrigen globalen IT-Elite und dem buntdeutschen Zeitgeist beschränkt sich allerdings nicht nur auf die Abschaffung nationaler Gren-

Abb. 39: Bill Gates und Angela Merkel

zen. Sie eint darüber hinaus das Ansinnen, jede andere Grenze gleich mit aufzulösen.

Dazu gehören beispielsweise die zwischen den beiden Geschlechtern oder die zwischen Arbeit und Freizeit oder die zwischen Privatheit und Öffentlichkeit. Letztendlich läuft der Grenzbeseitigungsfanatismus der herrschenden nationalen wie globalen Eliten auf den alten Sponti-Spruch hinaus:»Das Private ist politisch und das Politische ist privat«.

So lustig, wie seine Herkunft vermuten lässt, ist die Bedeutung dieses Spruchs allerdings nicht. Tatsächlich ist er nichts Geringeres als die Anleitung zur Einrichtung einer totalitären Herrschaft.

Seit jeher ist es das Ziel von Tyrannen und tyrannischen Ideologien, ihre Untertanen jeder Privatheit zu berauben. Bislang aber hat es unter solchen Umständen immer einen Rückzugsort gegeben: die eigenen vier Wände.»My home is my castle« –, das ist weit mehr als nur ein Kalenderspruch. Es ist dies der Ausdruck bürgerlichen Freiheitssinns, der einen Ort für sich reklamiert, an dem er, unbehelligt von den Widrigkeiten der Welt, frei sein kann. Selbst zu Zeiten nationalsozialistischer oder kommunistischer Unterdrückung, als man durchaus befürchten muss, von Familienmitgliedern denunziert zu werden, existieren solche Freiräume. Und wenn es nur der eigene Körper und Geist gewesen ist.

Damit ist es in der neuen Weltordnung nach Maßgabe der Kalifornischen Ideologie vorbei. Deren Priesterkaste schickt sich an, nun auch noch die Grenze zu dieser letzten verbliebenen Bastion der Freiheit niederzureißen. Wie, das wird noch zu zeigen sein, so viel aber vorweg: Es ist sicherlich kein Zufall, dass gerade ein Virus die nächste Etappe bei der Einrichtung der neuen Weltordnung einläutet.

In der Tat hat die Demokratie in Deutschland bereits vor Corona ein besorgniserregendes Bild abgegeben. Seit ihrer Ausrufung 1998/99 haben die bunten Zeitgeistritter der Berliner Republik die Politisierung des Privaten immer weiter vorangetrieben. Längst schon ist aus der Lebensführung eines jeden Einzelnen ein Politikum

Abb. 40: Antifa-Demo 2006

geworden. Vom Speiseplan über sexuelle Vorlieben und Freizeitgestaltung bis hin zu der Art, wie wir uns fortbewegen – alles steht unter ideologischem Vorbehalt.

Den schwerwiegendsten Vorstoß, das Private zu politisieren, stellt sicherlich die – *im Übrigen für totalitäre Systeme typische* – Vergewaltigung der Sprache im Dienst der Ideologie dar. Das Ziel der Übung liegt auf der Hand: Was nicht formuliert werden kann, kann auch nicht gedacht werden und umgekehrt. Der Kollateralnutzen dabei: Die Nichtanwendung des neuen Codes enttarnt die Apostaten, Häretiker, Ungläubigen und andere »Arschlöcher«.[99]

Um diese wieder auf Linie zu bringen oder, wenn sie sich uneinsichtig zeigen, für ihr moralisches Vergehen zu bestrafen, braucht es im bunten Deutschland weder Ämter noch Behörden, Lager oder Folterkeller. Das erledigen die Gläubigen der Kalifornischen Ideologie ganz von alleine. Sie sind zwar in der Minderheit, aber sie besitzen Macht. Nicht nur bei der Arbeit, wo sie über die Einhaltung der verordneten Sprach- und Denkregeln wachen. Sondern auch im privaten

Umfeld, bis hinein in die Familien. Seit Jahren schon geben die Verlautbarungsorgane des kalifornischen Zeitgeistes Tipps, wie Leser, Zuhörer und Zuseher ihre Eltern und Großeltern für ein Gedankenverbrechen durch Liebesentzug bestrafen oder wie Frauen ihre Männer verlassen können, wenn die sich zur »Klimakatastrophe«, »Energiewende« und/oder »Flüchtlingskrise« nicht so äußern, wie vorgeschrieben. So werden die Unliebsamen, wie es sich für »Krebsgeschwüre«[100] gehört, aus dem gesunden Volkskörper, sprich der Konsensgesellschaft, entfernt.

Dass die Ausgrenzung, die den Glaubensfeind als moralische Unperson sozial ächten und bestenfalls wirtschaftlich vernichten soll, derzeit im Großen und Ganzen gewaltlos funktioniert, ist kein Grund zur Beruhigung. Im Lichte der eskalierenden Gewalt seitens der »Antifa«, der Fußtruppe des Antifa-Staates Berliner Republik, steht zu befürchten, dass man sich beizeiten wieder auf die in Kulturrevolutionen[101] und »Großen Sprüngen«[102] üblichen Mittel besinnt, um Andersdenkende mundtot zu machen.

3.9 | Der Staat als Beute der »Kalifornischen Ideologie«

Um sich ein Bild davon zu machen, wie weit die Bundesrepublik Deutschland inzwischen zu einer Sektion des kalifornischen Weltstaates geworden ist, braucht man lediglich die Unterwürfigkeit zu betrachten, mit der Bill Gates in Berlin empfangen wird.

Natürlich fehlen die diplomatischen Gepflogenheiten, das Abschreiten von Ehrenformationen, die Fahnen und Hymnen. Aber das sind Rituale und Zeremonien aus einer anderen, analogen Ära. Im Zeitalter der Kalifornischen Ideologie wird Macht und Einfluss nicht an der Anzahl »Weißer Mäuse« gemessen, die vor einer Staatskarosse herfahren, sondern in Erreichbarkeit. Danach ist derjenige mächtig, der sich sicher sein kann, dass Frau Merkel unverzüglich und ungeachtet der Situation, in der sie sich gerade befindet, rangeht, sobald sein Name auf dem Display ihres Handys erscheint. Die Behauptung, dass es sich bei dem Microsoft-Gründer genauso verhält, dürfte nicht allzu gewagt sein. Und das nicht erst seit gestern. Schon 2013 schreibt Bill Gates in seinem Blog über ein Treffen mit Merkel: »In Berlin zu sein ist gerade jetzt eine besonders spannende Zeit, weil die wiedergewählte Kanzlerin Angela Merkel seit den Bundestagswahlen Ende September mitten in den Koalitionsverhandlungen für die Zusammensetzung der neuen Regierung steckt. Sie ist daher ungemein beschäftigt und hat sich dennoch die Zeit genommen, mich privat zu treffen. Es war ein großartiges Meeting.«[103] In Anbetracht dieser Nähe ist es dann natürlich auch keine Überraschung mehr, wenn Volker Walz, Teilnehmer des »Seminars für Sicherheitspolitik 2015«, veranstaltet von der »Bundesakademie für Sicherheitspolitik, BAKS«, in einem Thesenpapier konstatiert: »(Außen)politisches Handeln ist schon lange nicht mehr allein die Aufgabe der Außen- und sonstiger Fachministerien. [...] Auch transnationale Unternehmen spielen hier eine besondere Rolle als Koproduzenten von Governance-Leistungen, die, will man ihr volles Potential ausschöpfen, weiter ausgebaut werden könnte und müsste [sic].«[104] Demnach handelt der Staat außenpolitisch also keineswegs wirklich souverän, sondern nur im Verband und auf Augenhöhe mit multinationalen Konzernen.

Abb. 41: BAKS

Etwas weiter unten schreibt Walz: »Je größer [...] die Attraktivität eines Marktes und je geschickter die dortige Regierung mit einer entsprechenden Ausrichtung ihrer Industriepolitik Einfluss zu nehmen fähig ist, umso größer ist die Notwendigkeit, regional wie lokal Produktions- und Wertschöpfungstiefe sowie entsprechende Beschäftigungszahlen und Entwicklungsleistungen, aber auch entsprechendes technisches Know-how vorzuhalten oder offenzulegen, um Marktzugänge und entsprechende Marktchancen überhaupt nutzen zu können.«[105] Was der Autor hier ein wenig umständlich zu sagen versucht: Der Staat muss in Vorleistung gehen, damit die multinationalen Konzerne Gewinne machen können. Damit wird der Staat, also die Gesamtheit der Bürger, zu einem Werkzeug der Profitmaximierung degradiert.

Dabei freilich wird es nicht bleiben. Die ökonomische Instrumentalisierung des Staates ist nur ein erster Schritt. Am Ende geht es den Hohepriestern der Kalifornischen Ideologie nicht ums Geld, sondern um eine Form der Machtausübung, wie wir sie bislang nur aus Literatur, Theater und Film kennen. Nämlich die totale Kontrolle des Individuums durch kafkaeske Kräfte und Mächte. Dann werden namen- und gesichtslose Organisationen, vorbei an jeder staatlichen Institution und jedem Recht und Gesetz, auf das Leben eines jeden Einzelnen zu- und durchgreifen können.

Kehren wir zur Bundesakademie für Sicherheitspolitik zurück. Dass hier, immerhin in der »zentralen, ressortübergreifenden Weiterbildungsstätte der Bundesregierung für Sicherheitspolitik«[106], derlei Gedanken kursieren, überrascht an sich nicht. Allerdings erstaunt die Offenheit, mit der man mittlerweile über die Unterordnung des Staates unter die Interessen multinationaler Unternehmen spricht. Es scheint beinahe, als ginge das bunteste und freieste Deutschland aller Zeiten ganz darin auf, nicht mehr zu sein als eine Art Filialniederlassung der kalifornischen Global Player, eine Sektion des kalifornischen Weltstaats.

Abb. 42:
Wappen
der NSA

Das führt uns zu einem anderen heiklen Thema: der digitalen Souveränität der Bundesrepublik Deutschland. Die Diskussion darüber ist nicht neu. Es gibt sie, seitdem 2014 bekannt geworden ist, dass die Kanzlerin von der NSA abgehört wird. Doch wie mittlerweile üblich im buntesten Deutschland aller Zeiten, bleiben all »die Think Tanks, Verbände, Parteien und Ministerien, die zu diesem Thema Doktrinen formuliert haben, […] eine einfache Antwort schuldig: Wie organisiert der Staat sich so, dass er einer digitalen Fremdbestimmung entgeht? Kann man eine staatliche IT-Infrastruktur so errichten, dass sie es der nationalen Regierung erlaubt, souverän über die Verwendung der Daten und ihre Verfügbarkeit zu entscheiden?«[107] Seit Anfang des Jahres nun sucht man verstärkt nach Wegen, sich wieder der digitalen Souveränität zu bemächtigen. Wie wichtig das ist, zeigt das Beispiel Venezuela. Dort erhalten im Oktober 2019 Nutzer von Adobe-Services wie »Creative Cloud« ein Schreiben vom Anbieter. Darin bezieht sich dieser auf eine Executive Order des amerikanischen Präsidenten, die die Zusammenarbeit von US-Unternehmen mit Einzelpersonen und Unternehmen in Venezuela einschränkt. Daher wird den venezolanischen Kunden ein Ultimatum gestellt, ihre Daten binnen weniger Tage aus der Cloud herunterzuladen und anderweitige Lösungen zu finden, bevor Adobe den Zugang sperrt.[108]

Abb. 43: Projekt GAIA-X

Wer denkt, dies sei in
Deutschland nicht möglich,
irrt. Ein solches Bedrohungs-
szenario ist hierzulande
ebenso gut vorstellbar. Umso mehr, als sich der deutsche Staat in einem Abhängigkeitsverhältnis zu Microsoft befindet. Nicht zuletzt,
weil die Software aus Redmond die Standardsoftware der deutschen
Verwaltungen ist. Und das wiederum bedeutet eine ernst zu nehmen-
de Gefahr für die Datensicherheit.

Die Antwort der bunt-deutschen Regierung auf diese neuartige
Bedrohung staatlicher Souveränität ist die Einrichtung einer Arbeits-
gruppe »Digitale Souveränität« sowie das Projekt GAIA-X. So ist ein
noch zu schaffender Netzwerkverbund benannt, in dem bestehende
IT-Ressourcen gebündelt werden sollen, um sie in einer integrierten
Art verfügbar zu machen und einen standardisierten Datenaustausch
zu ermöglichen.

Dass es sich dabei um nicht mehr als Symbolpolitik handelt, wird
in Anbetracht der Dutzenden von Milliarden US-Dollar deutlich, die
die drei IT-Giganten Microsoft, Amazon und Google in jene Technologie investieren, auf die GAIA-X und ein zweistelliger Millionenbe-
trag eine Antwort sein sollen.

4 | Bill Gates verstehen

Auch das Zufälligste ist nur ein auf entfernterem Wege
herangekommenes Nothwendiges.
(Arthur Schopenhauer, *Parerga und Paralipomena*)

Bill Gates ist kein Demokrat; der Kompromiss ist seine Sache nicht. Allein schon deshalb, weil er dann andere Meinungen als gleichwertig akzeptieren müsste. Das aber kann er nicht, weil er sich im Besitz der reinen und absoluten Wahrheit wähnt. Man kennt diese Charaktere, die glauben, ihre von jeder Kenntnis unbeleckte, erfühlte Meinung sei ein unwiderlegbares Argument. Solche Menschen denken nicht in demokratischen Kategorien und sind für eine Mitwirkung am demokratischen Prozess, die über die des Wählens hinausgeht, ungeeignet. Sie ertragen keine Gegenstimmen, kein Kontra und keine Opposition, weil es so etwas in ihren Augen gar nicht geben darf. Nicht angesichts der von ihnen geoffenbarten Wahrheit. Daher geht man ihnen besser aus dem Weg, denn sie sind stets übergriffig und langweilige Gesprächspartner, da sie ja nicht nur alles wissen, sondern sogar alles besser wissen.

Hierzu passt, dass Bill Gates, wie wir gesehen haben, blind und unkritisch der Technologie vertraut und dabei sämtliche anderen Parameter erfolgreichen Handelns ignoriert. Er pfeift auf die Förderung von gewachsenen Strukturen und rechtsstaatlichen Institutionen sowie die Akzeptanz von soziologischen und moralischen Gegebenheiten. Stattdessen betreibt er Fortschritt um des reinen Fortschritts Willen. Das aber ist zerstörerisch. Damit aus einer Innovation, Entdeckung oder Erfindung ein wirklicher Schritt nach vorne werden kann, muss er in Interaktion mit den Bräuchen und Traditionen derjenigen treten, denen der Fortschritt zuteilwerden soll.

Frühere Modernisierungsversuche dieser Art haben sich auf Nationalstaaten oder Provinzen derselben beschränkt. So konnte man ihnen aus dem Weg gehen. Bill Gates aber kann man nicht aus dem Weg gehen, er agiert global. Er verfügt über die Macht, die technologischen Möglichkeiten und vor allem den Willen, alle Menschen auf der Erde kontrollieren zu wollen. Aber was ist es, das ihn antreibt? Warum ist er, wie er ist?

4.1 | Angst und Schuld

Die Frage nach Bill Gates' Motivation und damit nach der Motivation der kalifornischen Ideologen insgesamt ist eine Frage nach dem, was ihn in seinem tiefsten Innern antreibt.

Es ist dies zum einen die Angst vor der Reaktion der Armen auf seinen Reichtum. Dabei handelt es sich um eine Urangst aller Reichen, insbesondere von Superreichen. Sie sind wenige, die Armen sind viele. Je reicher ein Einzelner ist, desto kleiner ist der Kreis an Menschen, die in ähnlichen Verhältnissen leben wie er selbst, desto stärker das Gefühl, einer extrem kleinen Minderheit anzugehören, die sich von der überwältigenden Mehrheit bedroht fühlt. Auf wen sollte das zutreffen, wenn nicht auf den reichsten Mann der Welt? Umso mehr, als Gates' Vorbilder Buffett, Carnegie und Rockefeller ihn die Furcht vor dem Zorn und dem Rachedurst der Armen gelehrt haben.

Seine Antwort darauf ist zum einen Rhetorik. Es existiert eine Vielzahl von Zitaten, in denen Gates Dinge von sich gibt wie: »Das wahre Problem ist die ungleiche Verteilung des Reichtums.« Solche Aussagen des Microsoft-Gründers sind angesichts der Diskrepanz zu seinem gewinnorientierten, als philanthropisch verbrämten Handeln im Globalen Süden ohne Frage lächerlich, selbst wenn er in dem Moment ernsthaft daran glauben sollte. Was hier aus ihm spricht, ist eine Mischung aus schlechtem Gewissen gegenüber denjenigen, die seine unstillbare Sucht nach immer noch mehr Geld befriedigt haben, sowie dem Versuch der Beschwichtigung. Seht her, ich bin einer von euch, ich verstehe euch und euer Anliegen, das auch das meine ist. Es gibt also keinen Grund, gegen mich vorzugehen – das ist die eigentliche Botschaft hinter den bizarren Stellungnahmen des reichsten

Mannes der Welt zu der immer größer werdenden Ungerechtigkeit zwischen Arm und Reich.

Eine andere Antwort auf die Furcht vor den Reaktionen der Armen besteht in dem tatsächlichen Versuch, die Zahl eben dieser Armen zu verringern. Aus diesem Grund hat er unter anderem die BMGF gegründet und im Juli 2010 gemeinsam mit Warren Buffett den Milliardärsklub »The Giving Pledge« aus der Taufe gehoben. Dutzende der reichsten und einflussreichsten Persönlichkeiten der USA verpflichten sich per Eid *(giving the pledge)*, die Hälfte ihres Vermögens den Zwecken der Gates Foundation unterzuordnen. Die Summen, um die es geht, sind enorm. Die Superreichen sind zu massiven finanziellen Opfern bereit, um den Aufstand der Armen zu verhindern. Nichts anderes sagt der ehemalige Bürgermeister von New York, Michael Bloomberg, wenn er erklärt: »Wenn Sie wirklich für Ihre Familien sorgen wollen, dann ist es das Beste, die Welt für Ihre Kinder und Kindeskinder zu einem besseren Ort zu machen.«[109]

Von der Angst vor dem Zorn der Armen ist der Weg nicht weit bis zur Schuld, dem anderen Gefühl, das Bill Gates antreibt. Wie wir bereits gesehen haben, spielt die Schuld eine zentrale Rolle in der Kalifornischen Ideologie. Bei Bill Gates dürfte dieses Gefühl besonders ausgeprägt sein.

Dazu muss man wissen, dass zwischen 1907 und 1981 in den USA mehr als 60 000 Menschen zwangssterilisiert worden sind. Angeblich seien sie geisteskrank, gemeingefährlich oder der Fortpflanzung unwürdig gewesen. Unnötig zu erwähnen, dass von diesen menschenverachtenden Maßnahmen vor allem ethnische und soziale Minderheiten betroffen gewesen sind.

Dahinter steht eine Ideologie aus dem 19. Jahrhundert, nach der das Schicksal von Behinderten, Alkoholikern, Prostituierten, Obdachlosen oder Straffälligen eine Folge von Vererbung sei, weshalb die »angloamerikanische Rasse« sich davor schützen müsse. Eben durch zwangsweise Sterilisation. So kriegen die »Minderwertigen« wenigstens keinen Nachwuchs, wenn man sie schon nicht töten kann.

Wie der Journalist Edwin Black in seinem Buch *War Against the Weak: Eugenics and America's Campaign to Create a Master Race*[110] ausführt, sind die Rockefeller Foundation und das Carnegie-Institut in Washington federführend verantwortlich für die Finanzierung dieser Ideologie.

1918 legt das Carnegie-Institut achtzehn Thesen vor, um die genetische Gesundheit der amerikanischen Population sicherzustellen. Punkt 8 dieser Thesensammlung betrifft die Ausscheidung der kranken Volksteile aus dem Populationskörper. Dies soll mittels lokal operierender Gaskammern erfolgen.[111]

Diese Thesen, hauptsächlich durch kalifornische Forscher formuliert, wurden den deutschen Nationalsozialisten zugänglich gemacht. Es kann kein Zweifel daran vorliegen, dass Hitlers Positionen zu Volksgesundheit und Eugenik maßgeblich von den kalifornischen Ideologen beeinflusst sind.[112] Schließlich sagt Hitler selbst: »Ich habe mit großem Interesse die amerikanischen Gesetze, welche die Ausbreitung von unnützem und schädlichem Erbgut bestimmen, studiert.«[113]

Als die Nationalsozialisten in Deutschland an die Macht kommen, ist das für die US-amerikanischen Eugeniker ein Anlass zum Feiern. So lässt C. M. Goethe, die herausragende Figur der kalifornischen Eugeniker, bei einem Deutschlandbesuch 1934 verlauten: »Unsere Arbeit spielt eine mächtige Rolle darin, die Meinungen der Intellektuellen, die hinter Hitler stehen, zu beeinflussen.«[114]

In den 1930er- und 1940er-Jahren arbeiten das Carnegie-Institut und die Rockefeller-Stiftung eng mit dem Kaiser-Wilhelm-Institut in Berlin zusammen sowie, besonders intensiv, mit dem berüchtigten Eugenik-Programm von Ernst Rüdins Institut für Psychiatrie in München. Darüber hinaus zeigen sie sich dabei überaus spendabel. Die Rockefeller-Stiftung finanziert beide Institute mit rund 6 000 000 Dollar in heutiger Währung.[115]

Wen die Stiftungen da fördern, welche unheilvollen Gestalten durch sie zu Geld und Macht gelangen, veranschaulicht die Unterstützung von Otmar Freiherr von Verschuer. Verschuer ist ein glühender Antisemit und ein von seiner Mission zur Reinhaltung des »deutschen Blutes« beseelter Rassentheoretiker. Bereits 1935 sehnt er den Holocaust herbei, während er gleichzeitig keinen Geringeren als Josef Mengele, den »Todesengel von Auschwitz«, zu seinem Assistenten macht.[116] Finanziert unter anderem von den Geldern der Rockefeller-Stiftung.

Oder der schon erwähnte Ernst Rüdin. Dieser ist ab 1932 Präsident der »International Federation of Eugenics Organizations« und in Deutschland an zentraler Stelle mitverantwortlich für die Formulierung der Gesetze zur »Rassenhygiene«, die Hunderttausende Menschen Leben und Gesundheit kosten. Ein Zitat aus dem Jahr 1943 – die Vernichtung der europäischen Juden ist in vollem Gange – macht die Gesinnung Rüdins klar: Es sei »das unvergängliche geschichtliche Verdienst Adolf Hitlers und seiner Gefolgschaft, über die rein wis-

Abb. 45:
Ernst Rüdin

senschaftlichen Erkenntnisse hinaus den ersten wegweisenden und entscheidenden Schritt zur genialen rassenhygienischen Tat in und am Deutschen Volk gewagt zu haben«.[117]

Rüdin verbindet eine enge Freundschaft mit einer Amerikanerin, einer gewissen Margaret Sanger.[118] Sie ist eine in der Wolle gefärbte Rassistin[119] und enthusiastische Befürworterin der Zwangssterilisationsprogramme. Zudem ist sie derart beeindruckt vom »Führer«, dass dieser ihr, jedenfalls wenn man ihrem Traumtagebuch Glauben schenkt, sogar im Schlaf erscheint: »Letzte Nacht träumte ich von Hitler. Er war mir so nahe, dass ich das Blinzeln seiner Lider wahrnehmen konnte.«[120]

Bekannt wird Sanger aber weniger durch ihre Sympathie für den »Führer« als vielmehr durch die 1921 erfolgte Gründung der Non-Profit-Organisation »American Birth Control League«. Zu deren Zielen gehört die Aufklärung der amerikanischen Öffentlichkeit über die Gefahren einer unkontrollierten Fortpflanzung sowie über die Notwendigkeit eines weltweiten Programms für Geburtenkontrolle, was unter anderem unfreiwillige Sterilisationen miteinschließt.

Abb. 46: Margaret Sanger   *Abb. 47: Thomas Robert Malthus (1766–1834)*

21 Jahre später, 1942, reorganisiert sich die Liga neu und benennt sich in »Planned Parenthood Federation of America« um.[121] Und hier kommt die Familie Gates ins Spiel. Aufgrund seines sozialen Engagements beschäftigt sich Bill Gates' Vater, William H. Gates II., bereits seit einiger Zeit mit Fragen der Geburtenkontrolle und -regulierung, bevor er Anfang der 1970er-Jahre im Vorstand der »Planned Parenthood Federation of America« tätig ist.

Selbstverständlich kann William Gates senior nicht in Zusammenhang gebracht werden mit der menschenverachtenden, rassistischen Vorstellungswelt der Margaret Sanger. Wir können eher davon ausgehen, dass er ihr ideologisch diametral entgegensteht. Was allerdings nichts daran ändert, dass das Problem der Geburtenkontrolle und Bevölkerungsreduktion ein zentrales Thema im Hause Gates gewesen zu sein scheint. Das zumindest verdeutlicht ein Interview, das Bill Gates dem öffentlich-rechtlichen US-Sender PBS im September 2003 gibt. Darin erklärt er, wie wichtig ihm das Thema ist. Schon in jungen Jahren sei er ständig damit konfrontiert gewesen. Im Verlauf des Gesprächs gibt er außerdem zu, in seiner Kindheit und Jugend die Überzeugungen des britischen Ökonomen Thomas Robert Malthus vertreten zu haben.[122] Von Malthus stammt unter anderem der Satz: »Ein Mensch […] der in einer schon okkupierten Welt geboren wird, wenn seine Familie nicht die Mittel hat, ihn zu ernähren oder wenn die Gesellschaft seine Arbeit nicht nötig hat, dieser Mensch hat nicht das mindeste Recht, irgend einen Teil von Nahrung zu verlangen, und er ist wirklich zu viel auf der Erde. Bei dem großen Gastmahle der Natur ist durchaus kein Gedeck für ihn gelegt. Die Natur gebietet ihm abzutreten, und sie säumt nicht, selbst diesen Befehl zur Ausführung zu bringen.«[123]

Heute, sagt Gates, habe er seine Meinungen und Ansichten grundlegend geändert, habe er nichts mehr gemein mit der malthusischen Gedankenwelt. Es gibt keinen Grund, ihm dies nicht zu glauben, obwohl er nach wie vor die Überbevölkerung des Erdballs als größtes Problem ansieht. Vielmehr kann man davon ausgehen, dass Gates als

Hohepriester der Kalifornischen Ideologie aufgrund seiner eigenen geistigen Verirrung in der Jugend sowie wegen der US-amerikanischen Sterilisierungsprogramme eine tiefe moralische Schuld empfindet. Da geht es dem Microsoft-Gründer nicht anders als dem gemeinen deutschen Bessermenschen, der sich voller Gram mit einem Opa herumschlägt, der in der Wehrmacht gedient hat. Beide stehen gleichermaßen ohnmächtig vor der Autosuggestion von einer eigenen gewaltigen Schuld, für die es in ihrem kindlichen Verständnis nur eine Art der Buße gibt: die Erlösung des Menschengeschlechts von allem Übel.

Während allerdings der deutsche Bessermensch mit dieser Mission bestenfalls sein erweitertes Umfeld zu terrorisieren vermag, kann Gates tatsächlich das ganze Menschengeschlecht ins Visier nehmen.

4.2 | Bill Gates und der nächste Totalitarismus

Bill Gates' Einfallstor, um die Welt nach seinen Vorstellungen neu zu ordnen, ist die Gesundheitspolitik, was vor dem Hintergrund der Familiengeschichte nicht weiter verwundert. Außerdem steht er damit gleich auf der richtigen moralischen Seite. Wer erhebt schon seine Stimme gegen jemanden, der in weiten Teilen Afrikas die Kinderlähmung ausgerottet hat?

Angesichts eines solchen Wohltäters ist die Neigung naturgemäß groß, über Unangenehmes hinwegzusehen oder davor die Augen zu verschließen. Wie zum Beispiel vor dem Umstand, dass Gates sich zwar auf der einen Seite öffentlich von der Geisteswelt der Vergangenheit verabschiedet hat und selbst sicherlich davon überzeugt ist. Auf der anderen Seite jedoch legt die nüchterne Betrachtung der Aktivitäten und der Ideologie des Bill Gates und seiner Stiftung (siehe oben) die Vermutung nahe, dass die alte sozialdarwinistische Idee vom Ausmerzen der Kranken und Schwachen aus dem gesunden »Volkskörper« sowie die von der Menschheitsrettung durch gezielte

Bevölkerungsreduktion weiterhin in ihm nachwirken. Wenn auch nur unbewusst und im Gewand eines Philanthropen, der keine Individuen mehr kennt, sondern nur noch bunte Einheitsmenschen. Es ist dies ein weitverbreitetes Phänomen. Vergleichbar mit dem Wunsch einer Person, alles ganz anders machen zu wollen als die Eltern. Nur wenigen gelingt das wirklich; die meisten entdecken irgendwann, dass alles Bemühen, sich vom Vater und/oder von der Mutter abzugrenzen, größtenteils umsonst gewesen ist. Und das ist prinzipiell auch gut so, denn dieser unbewusste Mechanismus ermöglicht eine kontinuierliche, auf festen Grundlagen stehende Entwicklung von Familie und Gesellschaft. Vorausgesetzt, der Einzelne oder das Kollektiv ist irgendwann erwachsen genug, um einen Schritt zurückzutreten, sich den Tatsachen zu stellen und daraus Konsequenzen zu ziehen.

Das ist bei Bill Gates nicht der Fall. Er legt die gleiche Arroganz an den Tag wie die US-amerikanischen Eugeniker, die sich ebenfalls im Besitz einer höheren Wahrheit und Moral wähnten. Und er schreckt ebenfalls nicht vor deren Methoden zurück, wenn er den Globalen Süden zum Versuchslabor für seinen Impfwahn macht. Kaum vor-

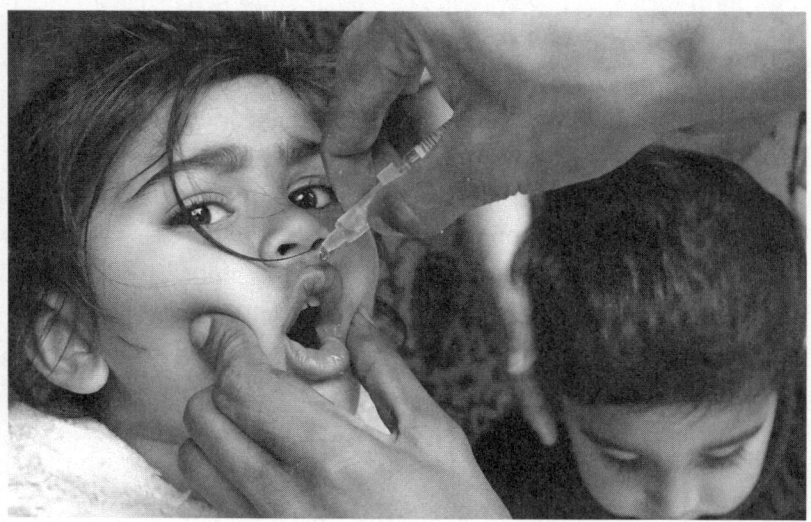

Abb. 48: Kind erhält Polioimpfung

stellbar, dass ein Mann, dem man nachsagt, er könne 150 Seiten in der Stunde lesen und verinnerlichen, diese Parallelen nicht sieht. Oder aber sein Narzissmus im Verbund mit seiner ideologischen Verblendung ist tatsächlich so groß, dass er einfach darüber hinwegsieht. Was es auch ist, der Mann meint es ernst. Bill Gates will 7 000 000 000 Menschen impfen, ob sie wollen oder nicht.[124]

4.3 | Heimliche Zwangssterilisationen

Kenia im Oktober 2014. Die katholische Gesundheitskommission des Landes erhebt ihre Stimme gegen eine im selben Jahr angelaufene Tetanus-Impfkampagne von WHO und UNICEF.

Gründe gibt es viele. Da ist zum einen die Tatsache, dass die katholische Kirche nicht wie üblich in die Aktion eingebunden ist, obwohl sie zahlreiche medizinische Einrichtungen unterhält. Außerdem wundert man sich seitens der Kirche über die nur begrenzte Öffentlichkeitsarbeit der beiden Hilfsorganisationen; auch das ist bei früheren Impfungen anders gewesen. Das meiste Aufsehen erregt aber der Umstand, dass die angeblichen Tetanusimpfungen ohne besondere gesundheitliche Notwendigkeit und nur an Frauen im Alter von 14 bis 49 Jahren verabreicht worden sind. Das nährt den Verdacht, dass die angebliche Wundbrandimpfung nur Tarnung gewesen ist für etwas anderes, beispielsweise für die Verabreichung eines temporären oder dauerhaften Verhütungsmittels.

Zu diesem Schluss kommt jedenfalls der Gynäkologe und Entbindungsarzt Dr. Wahome Ngare. Er publiziert im Februar 2015 namens der kenianischen katholischen Ärztevereinigung einen Beitrag in der Fachzeitschrift *Catholic Medical Quarterly*, in dem er verschiedene Merkwürdigkeiten öffentlich macht und Erklärungen fordert. Zum Beispiel dafür, dass der Impfstoff gezielt importiert worden sei und eine andere Bezeichnungsnummer getragen habe als übliche Tetanusimpfstoffe. Zudem merkt Ngare an, dass nicht weniger als fünf

Impfrunden geplant seien, in Abständen von jeweils 6 Monaten. Ein Rhythmus, der bei Tetanus absolut unüblich, bei der Gabe von humanem Choriongonadotropin (hCG-Impfstoffen) jedoch normal ist. Bei hCG handelt es sich um ein Schwangerschaftshormon, das auch zur Verhütung benutzt werden kann. Sobald es als Bestandteil einer Impfung von außen zugeführt wird, sorgt es dafür, dass Frauen nicht schwanger werden können und bestehende Schwangerschaften vom Körper selbst abgebrochen werden[125], da dieser annimmt, bereits schwanger zu sein.

Nachdem der Artikel von Ngare erschienen ist, fordert die katholische Kirche Kenias das Gesundheitsministerium auf, mehrere Impfdosen zur Verfügung zu stellen, damit diese untersucht werden können. Als das Ministerium dem nicht nachkommt, besorgt sich die Kirche die Proben auf anderen Wegen. In der anschließenden Analyse kann, laut Ngare, das vermutete Schwangerschaftshormon nachgewiesen werden.

Nach Bekanntwerden der Ergebnisse knickt die WHO scheinbar ein und erklärt sich zu einer gemeinsamen Untersuchung bereit. Wie nicht anders zu erwarten, findet die dafür eingesetzte Kommission in den von der WHO übergebenen Proben keine Spur von hCG.

Eine im Oktober 2017 veröffentlichte wissenschaftliche Arbeit der Universitäten von Louisiana (USA) und British Columbia (Kanada) macht deutlich, warum das so ist, und bestätigt dabei die von der katholischen Kirche erhobenen Vorwürfe. Demnach passen sowohl der Impfrhythmus als auch die Zusammensetzung der Zielgruppe – ausschließlich Mädchen und Frauen im gebärfähigen Alter – nicht zu der von der WHO verbreiteten Geschichte. Außerdem wird öffentlich, dass die Kampagne nicht wie üblich aus einer medizinischen Einrichtung heraus geleitet und koordiniert worden ist, sondern aus einem Hotelzimmer. Überaus merkwürdig ist zudem, dass Anlieferung und Abholung der Impfproben, die von der WHO an die Kommission übergeben wurden, unter Polizeischutz erfolgen. Nicht zu vergessen, dass die Krankenschwestern bei ihrer Arbeit ebenfalls der Überwachung durch WHO und Polizei unterliegen.[126]

Warum diese Sicherheitsvorkehrungen und Drohkulissen, wenn es sich nicht um besondere, nur für die Prüfung hergestellte Proben handelt? Darauf werden wir gewiss keine Antwort erhalten.

Aber die braucht es nicht. Auch so ist klar, dass die von der BMGF abhängige Weltgesundheitsorganisation keine Moral kennt, wenn es um die Durchsetzung von Bill Gates' ideologischen Vorgaben geht. Und die heißen in diesem Kontext: Geburtenkontrolle ohne Rücksicht auf diejenigen, die ohne ihr Wissen sterilisiert werden.

Um das zu erreichen, greift man seitens der BMGF und der mit ihr verbundenen Organisationen, Netzwerke und Allianzen allerdings nicht nur auf Impfungen zurück, die mit hCG versetzt sind. Vor allem in den Ländern, in denen die BMGF tätig ist, hat sich ein alternatives Prozedere etabliert, wodurch jeder Arztbesuch für die Frauen in Afrika zu einem Risiko wird.

Für eine Behandlung oder um Medikamente zu bekommen, müssen sie Formulare unterschreiben. Überflüssig zu erwähnen, dass die überwältigende Mehrheit der Frauen nicht lesen und schreiben kann und deshalb nicht weiß, was sie da unterzeichnet. Sie sind doch nur gekommen, weil sie Hilfe brauchen. Dafür sind sie barfuß stundenlang und unter sengender Sonne durch die Savanne gelaufen – für eine Spritze oder ein paar Tabletten. Der Preis ist ein Fingerabdruck unter einem Schrieb, den sie nicht verstehen. Wäre es anders, sie würden den Weißkitteln das Papier vermutlich rechts und links um die Ohren hauen. Denn dann könnten sie lesen, dass sie sich mit der Unterzeichnung zur Sterilisation verpflichten.[127]

Es liegt auf der Hand, warum sich Gates und die mit ihm verbundene Pharmaindustrie gerade in Afrika so sehr engagieren. Nicht aufgrund einer wie auch immer vorgegaukelten Menschenliebe; stattdessen stehen hier Versuchslabore im Maßstab ganzer Länder zur Verfügung. In derart unbeachteten Staaten wie Lesotho können risikolos Impfungen getestet werden, die wie die Anti-Schwangerschaftsimpfung mit hCG mit schwersten Nebenwirkungen verbunden sind. Angst vor eventuellen juristischen oder finanziellen Folgen brauchen die Pharmariesen nicht zu haben. In den Hinterhöfen der globalisierten Welt ist ganz grundsätzlich vieles möglich, was in Europa und Amerika nicht nur unmöglich, sondern unvorstellbar ist. Inklusive Menschenversuchen und heimlicher Zwangssterilisationen.

5 | Die Auswirkungen der »Kalifornischen Ideologie« auf den Einzelnen

Ihr, die ihr hier eintretet,
lasst alle Hoffnung fahren.
(Dante Alighieri – *Göttliche Komödie*)

Kommen wir aus Afrika zurück nach Deutschland. Wir wollen uns der Frage zuwenden, was es für jeden Einzelnen hierzulande, für »die kleinen Leute auf der Straße«, hieße, gelänge es den Hohepriestern der Kalifornischen Ideologie, insbesondere Bill Gates, ihre Pläne für eine neue Weltordnung in der Realität umzusetzen. Mit einer Utopie hätte das dann freilich nicht mehr viel zu tun, eher mit dem Gegenteil, einer Dystopie. Es wäre gleichbedeutend mit dem Ende jeder Individualität und dem Beginn einer überwachten Ameisenexistenz.

An dieser Stelle scheint ein Wort angebracht zu der gerade heftig entbrannten Diskussion um den Nationalstaat als politische und gesellschaftliche Organisationsform. Gerne wird seitens der Kalifornier diese Staatsform lächerlich gemacht, als altmodisch verschmäht und als gefährlich beziehungsweise als Quell allen Übels verdammt.

Diesen Angriffen ist entgegenzuhalten, dass souveräne und selbstständige Staaten, die sich aufgrund einer gewachsenen Geschichte ihrer Identität und der gesellschaftsspezifischen Entscheidungsprozesse sicher sind, stets unterschiedliche Antworten auf historische, soziale, ökonomische und ökologische Probleme finden. Irrt ein Staat in seiner Entscheidung, so sind andere da, um ihn aufzufangen, zu integrieren oder schlimmstenfalls zu beerben. Selbst eine Katastrophe wie der Nationalsozialismus ist nicht imstande gewesen, dieses Sicherheitsnetz zu zerreißen und die Flamme der Zivilisation auszublasen.

Wenn nun aber alle Entscheidungsstränge in *einem* Büro, an *einem* Schreibtisch und bei *einem* Menschen zusammenlaufen, ist es vorbei mit diesem zivilisatorischen Rückversicherungsmechanismus. Es gibt dann kein Back-up. Jede noch so kleine Erschütterung der Weltlage hat potenziell globale Auswirkungen. Und das wiederum führt uns zu einer anderen Zwangsläufigkeit, die den Nationalstaat von einem Weltstaat nach kalifornischem Vorbild unterscheidet. Die beschriebene systemimmanente Instabilität zwingt einen solchen Weltstaat zu einer ganz anderen Restriktivität im Umgang mit opponierenden Kräften. Gegensätzliche Meinungen stellen eine echte Gefahr für den kalifornischen Weltstaat dar, entsprechend rigoros sind die Maßnahmen dagegen. Wir werden noch sehen, wie weit die Kalifornier dafür zu gehen bereit sind, nämlich bis zu Auslöschung der Persönlichkeit.

5.1 | Totaler Gesundheitsstaat

Hätte die Priesterkaste der Kalifornischen Ideologie ihr Ziel bereits erreicht, Deutschland wäre inzwischen ein totaler Gesundheitsstaat. Damit sind nicht nur willkürlich vorgenommene Zwangsimpfungen und -medikationen der Bevölkerung durch die Obrigkeit gemeint. Darüber hinaus würde der medizinisch gesunde »Volkskörper« zu einem der vorrangigen Staatsziele avancieren.

Das klingt erst einmal harmlos, wenn nicht sogar menschenfreundlich. Ein Staat, der sich für die Gesundheit seiner Einwohner engagiert – was gäbe es dagegen einzuwenden?

Die Antwort lautet: sehr viel!

Da ist zunächst einmal die generelle und für ein totalitäres System typische Lustfeindlichkeit, die aus dem Primat der Gesundheit spricht. Wir kennen diese talibaneske Haltung aus anderen Zusammenhängen, wie zum Beispiel aus der Geschlechterpolitik, die dazu geführt hat, dass in Schweden dem Beischlaf mittlerweile eine Vertragsunterzeichnung vorauszugehen hat, mittels der die Unterzeichnenden ihr Einverständnis hinsichtlich des geplanten Sexualaktes erklären.[128]

In Sachen Gesundheit tritt uns diese prinzipielle Lustfeindlichkeit der Kalifornischen Ideologie derzeit als ein allumfassender Optimierungswahn entgegen. Wie weit dieser bereits geht, dafür steht exem-

plarisch die Tyrannei der Armbanduhren, die einem beständig einhämmern, wie viele Schritte man täglich zu absolvieren habe, die
Kalorienverbrauch sowie Blutdruckwerte messen und auch sonst
über die Einhaltung der Vorgaben wachen.

In das Zentrum einer Lebensführung, wie sie den Kaliforniern gefällt, gehören die richtige, das heißt fleischlose Ernährung sowie die
Ächtung von Alkohol und Tabak.

Es ist kein Zufall, dass es sich bei den letzten beiden bezeichnen-
derweise um die am weitesten verbreiteten Genussmittel handelt. Gerade deshalb hat es die Kalifornische Ideologie darauf abgesehen.
Schließlich ist Genuss das Gegenteil zu jener Askese, die die Priesterkaste der neuen Weltreligion ihren Untertanen namens der Gesundheit zu verordnen trachtet. Dementsprechend werden Raucher wie
Aussätzige behandelt, die in Glaskäfige gesperrt oder durch gelbe Bo-
denmarkierungen aus der Gesellschaft der Gesundheitsbewussten
abgesondert werden müssen. Weil das aber nicht reicht, werden Raucher außerdem noch moralisch in die Pflicht genommen – Stichwort:

Abb. 49: Smartwatch

Passivrauchen – sowie mit Schockbildern und übelsten Drohungen auf den Packungen drangsaliert. In der Berliner Sektion des kalifornischen Weltstaates darf es nun mal keinen Genuss ohne Schuldgefühl und Angst geben.

Die Behandlung, die derzeit den Rauchern zuteilwird, gibt einen Vorgeschmack darauf, was bei den demnächst anstehenden Kampagnen gegen den Alkohol zu erwarten ist. Dass diese kommen werden, liegt auf der Hand. Die ersten Vorboten machen sich bereits bemerkbar. Schon werden Umfragen lanciert, nach denen die Mehrheit der Bundesbürger für ein Verbot von Werbung für alkoholische Getränke plädiert.[129] Das ist erst der Anfang, bald werden gewiss schwerere Geschütze aufgefahren. Gut vorstellbar, dass irgendwann der CO_2-Ausstoß bei der Alkoholproduktion eine Mitschuld trägt am Untergang der Menschheit, was wiederum Zweifel an der moralischen Integrität der Konsumenten verursacht.

Wem das lächerlich vorkommt, der sei an die Propaganda der kalifornischen Priesterkaste erinnert, die Menschen mit kleinem Geldbeutel den Fleischverzehr, die Reise in den Urlaub oder das Silvesterfeuerwerk vergällen soll. Dieser Feldzug, der jetzt schon gegen jedes private Vergnügen des kleinen Mannes geführt wird, würde in einem

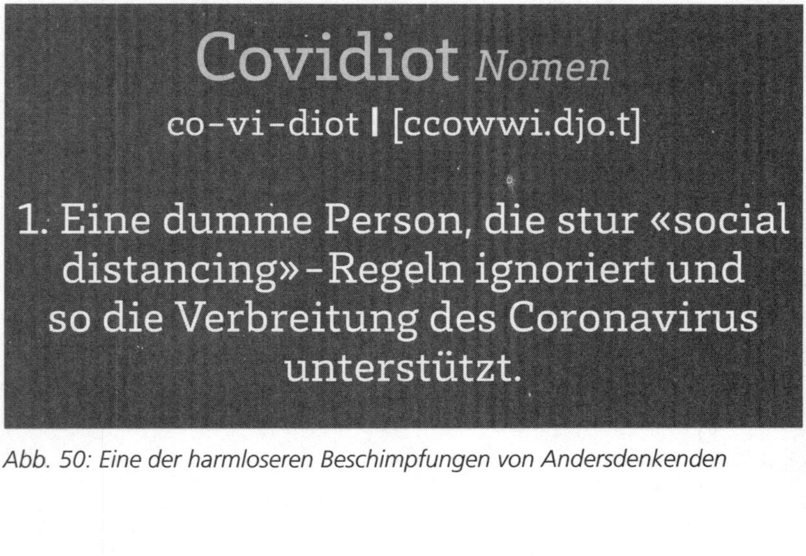

Covidiot Nomen

co-vi-diot I [ccowwi.djo.t]

1. Eine dumme Person, die stur «social distancing»-Regeln ignoriert und so die Verbreitung des Coronavirus unterstützt.

Abb. 50: Eine der harmloseren Beschimpfungen von Andersdenkenden

totalen Gesundheitsstaat nach Maßgabe der bunten Gesinnung noch einmal eskalieren. Wer will diesen auch aufhalten, wenn es um flächendeckende Zwangsimpfungen und Zwangsmedikationen geht, Letzteres beispielsweise über die Beigabe von Medikamenten ins Trinkwasser? Neu wäre die Idee nicht. Heutzutage wird bereits eine Reihe von Lebensmitteln mit Zusätzen wie Jod oder Fluor versehen. Aber dabei muss es freilich nicht bleiben.

Betrachten wir die Auswirkungen eines totalen Gesundheitsstaats auf die politischen Verhältnisse, so ergeben sich hier ebenfalls keine optimistischen Aussichten. Dieses Gebilde hätte mit einer Demokratie nicht mehr viel zu schaffen.

Wie wenig, das hat das Regierungshandeln in der Coronakrise gezeigt. Wahllos, willkürlich und selektiv werden die Grundrechte der Menschen in Deutschland über Gebühr zugunsten eines Krisenrechts außer Kraft gesetzt, das in gewisser Hinsicht an das Kriegsrecht erinnert. Darauf deutet auch der Hass hin, der sich seitens der bunten Priesterkaste über diejenigen ergießt, die die massiven Eingriffe des Staates in die Bewegungs-, Meinungs- und Versammlungsfreiheit nicht einfach hinnehmen wollen. Sie werden als Spinner oder Covidioten aus der Gemeinschaft ausgeschlossen, was vergleichbar ist mit dem Defätisten und Wehrkraftzersetzer vergangener Tage.

Die Coronakrise hat deutlich gemacht, wie sehr sich unter dem Primat der Gesundheit die Beziehung zwischen Bürger und Staat verändert hat. Es ist nicht mehr die von zwei Gleichberechtigten, sondern entspricht vielmehr jener, die Arzt und Patient miteinander verbindet, inklusive des Hierarchiegefälles. Der eine verordnet, der andere gehorcht – erst recht, wenn der Doktor behauptet, man stehe kurz vor dem Exodus. So werden im Namen der Gesundheit aus freien Bürgern, die dem Staat auf Augenhöhe entgegentreten, Untertanen, die den Gesslerhut grüßen und ansonsten ein Leben nach den Vorgaben der Priesterkaste leben. Mit ihnen kann man machen, was man will. In ihrer Gesamtheit bilden sie kein Volk und keine Gesellschaft mehr, sondern sind nur noch Verfügungsmasse, gleich einer Herde Nutzvieh.

Es bleibt abzuwarten, ob sich die Demokratie in Deutschland von dem demokratiepolitischen Desaster infolge von Corona erholt und das Land zu einem Zustand zurückkehrt, in dem wenigstens die Freiheitsrechte wieder uneingeschränkt gelten. Besonders viel Hoffnung sollte man sich aber nicht machen. Die Forderungen der Mächtigen nach einem Immunitätsnachweis, der wie der Personalausweis mitgeführt werden muss, sowie die Corona-App zeigen, wohin die Reise geht.

5.2 | Corona-Impfung als Gegenstück zum chinesischen Sozialpunktekatalog

2014 führt Chinas kommunistische Führung das sogenannte Sozialkredit-System ein. Seitdem befindet sich das Projekt in der Testphase, soll allerdings 2020 beendet werden. Das Programm sieht vor, dass jeder Chinese zu Beginn über ein Punktekonto von 1000 Sozialpunkten verfügt. Dieses Vermögen kann er/sie entweder durch Wohlverhalten mehren oder durch Fehlverhalten verringern. Die Rechnung ist einfach: Alles, was den Leitlinien und Moralvorstellungen der Machthaber entspricht, wird belohnt, handelt man zuwider, erfolgt ein Abzug je nach Schwere des »Vergehens«. Dies ist insofern von Bedeutung, als mit dem Punktekonto ein Privilegienkatalog verbunden ist. Fällt man unter ein bestimmtes Niveau, sind Einschränkungen die Folge. So ist es einem dann nicht mehr erlaubt, eine bestimmte Region zu verlassen, oder man hat Schwierigkeiten, eine Arbeit oder eine Wohnung zu finden.

Das chinesische Sozialkredit-System ist das bislang am besten ausgefeilte Instrument zur vollständigen Kontrolle und Unterdrückung eines Volkes. Ein Instrument, das ohne die Technologien aus Kalifornien nicht umsetzbar wäre. Sie ermöglichen erst die möglichst voll-

*Abb. 51:
Chinesische
Militärparade*

ständige Überwachung des öffentlichen Lebens, auf der das chinesische System aufbaut.

Was da gerade am anderen Ende der Welt mithilfe der westlichen Tech-Giganten Wirklichkeit zu werden droht, ist nichts Geringeres als finsterste Science-Fiction. Und sie ist weit weniger entfernt, als uns der Blick auf den Globus glauben macht. Nicht nur, weil sich die deutsche Regierung und die ihr angeschlossenen Medien in der Coronakrise auffallend freundlich über das autokratische China und die rigiden Maßnahmen dort geäußert haben – wobei sie die erfolgreichen alternativen Wege von Demokratien wie Taiwan, Japan oder Schweden entweder unerwähnt lassen oder mit Irrsinns-Verdacht belegen. Aber das ist nichts Neues. Dass die toleranten Menschenfreunde des bunten Zeitgeistes stets eine gewisse Verbundenheit mit Tyranneien demonstrieren, die ihr Volk blutig unterdrücken, kennt man ja zur Genüge.

Was darüber hinaus aber für Besorgnis sorgen sollte, das sind die Aktivitäten und das Engagement von Bill Gates' Glaubensbrüdern im bunten Deutschland hinsichtlich einer Impfpflicht, eingeführt durch die Hintertür eines Immunitätsnachweises. Hiermit wird das Tor zu Diktatur und Tyrannei aufgestoßen. Oder anders formuliert: Der Impfausweis ist das deutsche Gegenstück zum chinesischen Sozialkredit-System.

Wie kann man sich ein Leben in einer Welt vorstellen, in der ein solches Dokument das Sagen hat? Wird einem beim Fehlen desselben der Zutritt zu Restaurants, Läden, Theatern und Sportveranstaltungen verwehrt? Wie sieht es mit der Benutzung von öffentlichen Verkehrsmitteln aus? Wird es einem Ungeimpften erlaubt sein, mit dem Flugzeug zu fliegen, mit der Bahn oder dem Bus zu fahren oder ein Kreuzfahrtschiff zu betreten? Dürfen Kinder noch Kitas oder Horte besuchen, wenn der Nachweis fehlt? Oder werden sie in die Kriminalität abgedrängt, weil ungeimpfte Eltern im Untergrund eigene Betreuungsmöglichkeiten für ihre ebenfalls ungeimpften Kleinen schaffen? Oder kann es Unternehmen zugemutet werden, einen Menschen ohne entsprechende Impfnachweise einzustellen beziehungsweise weiter an seinem Arbeitsplatz zu belassen? Ähnlich verhält es sich bei Vermietern; werden sie Wohnraum an Ungeimpfte vermieten?

Es ist absehbar, dass die Ungeimpften in der Öffentlichkeit abgesondert und als potenzielle Gefahren- und Krankheitsträger kenntlich gemacht werden, von denen man sich fernhalten sollte. Dies wird sich im Privaten fortsetzen. Da der Immunitätsnachweis digital sein wird – Stichwort: Corona-App –, wird sich das Defizit des Ungeimpften recht bald im Freundes- und Bekanntenkreis rumsprechen. Mit

Abb. 52: Die Corona-Warn-App

den entsprechenden sozialen Folgen. Die Desintegration der Gesellschaft wird sich mit der Einführung eines Impfnachweises noch beschleunigen. Er wird das gesellschaftliche Klima weiter vergiften. Das aber nehmen Priesterkaste und Gläubige der kalifornischen Gesinnung in Kauf. Angeblich, um die Deutschen vor einer tödlichen Gefahr zu bewahren. Das ist umso unglaubwürdiger, als es aus dem Munde derer kommt, die seit jeher auf diejenigen, »die schon länger hier leben«, mit hasserfüllter Verachtung herabschauen und ihr Verschwinden besingen und herbeisehnen.

Davon abgesehen handelt es sich bei dem Coronavirus nicht um die Pest des 21. Jahrhunderts, als die es gemeinhin von regierungs- und Gates-nahen Kreisen dargestellt wird. Diesen Schluss lassen jedenfalls die Zahlen und die Erfahrungen zu, die man seit Jahresbeginn sammeln konnte.

Wobei die Gefährlichkeit des Virus keinesfalls in Abrede gestellt werden soll. Es führt zu schweren Erkrankungen und bei alten Menschen mit einem schwach ausgeprägten Immunsystem oder mit Vorerkrankungen bedauerlicherweise häufig zum Tode. Indes ist nach wie vor ungeklärt, wie viele Menschen an oder lediglich mit dem Virus sterben. Aber selbst wenn alle Corona-Toten in Deutschland Opfer von Covid-19 wären, ergibt sich dadurch für das Frühjahr 2020 keine signifikante Übersterblichkeit.

Allein dieser Sachverhalt sollte ausreichen, um sich zu fragen, ob die Einschränkungen der Freiheits- und Bürgerrechte noch in einem angemessenen Verhältnis zu der tatsächlichen Bedrohung stehen. Nicht jedoch in der Berliner Sektion des kalifornischen Weltstaates. Hier hält man unverdrossen an der Gefährlichkeit des Virus fest. Dafür werden immer neue Horrorszenarien verbreitet, die allerdings nie länger als ein paar Tage Bestand haben, dann bricht das Lügengebäude der Herrschenden unter der Realität der Ereignisse in sich zusammen. Wir kennen das schon aus der Flüchtlingskrise, als die Wirklichkeit die Behauptungen des bunten, hellen Deutschlands binnen kürzester Zeit ebenfalls Lügen strafte. Damals wie heute ohne Fol-

gen – bis auf die Tatsache, dass sich der regierungsamtliche Hass gegen Leute, die auf solche Widersprüche hinweisen, verstärkt hat.

Dieses Verhalten ist in gewisser Hinsicht verständlich. Niemand
wird gerne mit einer Lebenslüge konfrontiert, und nur wenige haben
die charakterliche Größe, sich eine solche einzugestehen. Bei den moralischen Herrenmenschen bunter Gesinnung darf dies indes bezwei-
felt werden. Sie glauben umso entschlossener an die Lüge, je weiter sie
als solche enttarnt wird, wenn es sein muss, bis in den Untergang. Der
Enkel unterscheidet sich da nicht von den Großeltern. Offensichtlich
handelt es sich dabei quasi um eine deutsche Spezialität.

Dass den Herrschenden tatsächlich nicht die Gesundheit der Bevölkerung am Herzen liegt, sondern nur die bloße Schikane des ver-
achteten Volkes, das beweist der 6. Juni 2020.

Noch wenige Tage zuvor werden Kritiker der Freiheitsbeschrän-
kungen mit Polizeigewalt daran gehindert, ihre Meinung zu äußern.
Das Video von der brutalen Wegführung der DDR-Bürgerrechtlerin
Angelika Barbe durch schwergepanzerte Polizisten sowie das von der

Abb. 53: Protestplakat gegen die Diffamierung Andersdenkender

vorübergehenden Festnahme des Starkochs Attila Hildmann geben einen Eindruck von der Rigorosität, mit der die Staatsmacht gegen kritische Bürger vorgeht. Begleitet wird das völlig unverhältnismäßige Einschreiten der Exekutive von den ätzenden Verhöhnungen und wüsten Beschimpfungen der Verlautbarungsorgane der Kalifornischen Ideologie. An jenem 6. Juni dann demonstrieren unter den Augen genau derselben Staatsmacht anlässlich der Tötung von George Floyd in ganz Deutschland über 150 000 Menschen gegen Rassismus. Allein in Berlin sind es mehr als 15 000, die dicht gedrängt den Alexanderplatz bevölkern, singend, schreiend, lachend, ohne irgendeinen Mindestabstand einzuhalten und selbstverständlich weitgehend ohne Mundschutz. Unnötig zu erwähnen, dass dies unter dem Jubel der bunten Priesterkaste erfolgt.

Was dabei insbesondere erstaunt, das ist die offen gezeigte Verachtung gegenüber all denen, die nicht zur neuen Glaubensgemeinschaft gehören und die wirtschaftlichen Folgen der Corona-Beschränkungen auszubaden haben. Diese haben für die Gesundheit, und das nicht nur für die eigene, jede Ein- und Beschränkung ertragen. Ohne zu murren, haben sie jedes Opfer, das von ihnen verlangt worden ist, auf sich genommen: von dem selbst verordneten, wochenlangen Hausarrest über die Isolierung der Alten vom Rest der Familie bis hin zu dem Verzicht, Sterbende auf ihrem letzten Weg zu begleiten und so Abschied von einem geliebten Menschen zu nehmen. Zum Dank stehen sie nun vor einer ungewissen und unsicheren Zukunft und dürfen sich als Zugabe darüber freuen, dass die bunte Elite ihnen mit den Demonstrationen vom 6. Juni 2020 ins Gesicht spuckt.

Seit diesen Aufmärschen der kalifornischen Jünger zum angeblichen Gedenken an George Floyd ist klar, dass Covid-19 ein Instrument ist, die neue Weltordnung nach Maßgabe der Kalifornischen Ideologie einen entscheidenden Schritt voranzubringen.

Die Zeit dafür ist überaus günstig, jedenfalls in der Mitte Europas. Die Technologien, die es dazu braucht, existieren, und an politischem Willen, Deutschland und die Deutschen abzuschaffen, mangelt es wahrlich nicht. Hinzu kommt, dass in den vergangenen Jahren die selbst ernannte globalistische Elite der Berliner Republik die Demokratie in Deutschland sturmreif geschossen hat. »Euro-Krise«, »Energiewende«, »Flüchtlingskrise«, »Klimakrise« – so lauten die Etappen der Zerstörung des Rechtsstaates Bundesrepublik.

Corona soll ihm nun den Todesstoß versetzen. Das Virus ist ein Präzedenzfall. All jene, die die große gesellschaftliche Transformation weiter vorantreiben, werden sich in Zukunft darauf berufen, um aus freien Bürgern bunte Einheitssklaven zu machen.

5.3 | Entindividualisierung

Zu einem der wichtigsten Wahnbilder der Anhänger der Kalifornischen Ideologie, insbesondere in Deutschland, gehört die kindliche Vorstellung von der Vielfalt in Gleichheit. Diese Idee besagt, dass alle Menschen zur selben Zeit gleich und vielfältig sind. Das ist purer Unsinn. Entweder sind alle Menschen gleich oder sie sind vielfältig, also unterschiedlich und damit nicht gleich. Außerdem ist es gefährlicher Unsinn, denn mit der absoluten Gleichheit verhält es sich ähnlich wie mit der absoluten Freiheit. Wird sie nicht eingeschränkt, endet das eine wie das andere zwangsläufig in Chaos, Gewalt und Strömen von Blut. Es ist eine Binsenweisheit, dass die Freiheit scharfe Regeln braucht und die Menschen nur vor Gott, auf hoher See und vor Gericht gleich sind.

Wer nun dennoch behauptet, es gebe keine Unterschiede zwischen den Menschen, und dabei selbst biologische Tatsachen wie Geschlecht und Hautfarbe leugnet, der muss irgendwann dafür sorgen, dass es tatsächlich keine Unterschiede mehr gibt. Oder anders gesagt: Er muss jede Individualität, also das, was den einzelnen Menschen ausmacht, ausmerzen. Da dies bei der Hautfarbe und den Geschlechtsmerkmalen nicht oder nur unter sehr viel Anstrengung möglich ist, setzt der Gleichheitswahn der Jetztzeit wie seine Vorgänger in der Gedankenwelt an. Letztendlich reicht das völlig aus. Wer nicht mehr dazu imstande ist, Unterschiede zu denken, für den existieren sie schlicht nicht. Ganz egal, wie offen sie vorliegen. Bei einer Mehrzahl mag es durch unablässige Propaganda und Indoktrination gelingen, diesen Zustand irgendwann zu erreichen. Doch was ist mit denen, die sich renitent zeigen, die den Sirenengesängen von der Einen-Welt, in der es nur noch den *einen* bunten Menschen gibt, nicht zu folgen bereit sind? Und das auch noch kundtun und sich einfach nicht den Mund verbieten lassen trotz guten Zuredens, Drohungen, sozialer Isolation und Arbeitsplatzverlust? Wie verfährt man mit solchen Zeitgenossen? Frühere Menschheitserlöser sind in diesem Punkt immer auf dieselbe Antwort verfallen: Psychiatrie, Gefängnisse und Lager.

So weit ist es in der Berliner Republik freilich noch nicht, obgleich Pathologisierung und Kriminalisierung von Gedankenverbrechen schon längst zum gängigen Besteck der Mächtigen im Kampf gegen widerborstige Gemüter gehören. Genauso wie ein gewisses Maß an Gewalt, die als Mittel in der politischen Auseinandersetzung seit einiger Zeit wieder Einzug gehalten hat.

Gut möglich aber, dass es den Apologeten des sich ankündigenden Totalitarismus diesmal erspart bleibt, sich die Hände im Stile ihrer Vorgänger schmutzig zu machen und dennoch jeden Einzelnen unter die Kontrolle der Kalifornischen Ideologie zu zwingen, nicht nur in Deutschland, sondern weltweit. Der totale Gesundheitsstaat macht es möglich.

Zu dem bereits umrissenen totalitären Potenzial eines Immunitätsnachweises gesellt sich bei näherer Betrachtung ein weiterer Aspekt, der in der Öffentlichkeit kaum Beachtung findet, schon gar nicht in den kalifornischen Verlautbarungsorganen. Gemeint ist die digitale Identität. Ihre Einführung würde den Anfang vom Ende jeder Form von individueller Persönlichkeit bedeuten.

Eine digitale Identität, kurz: ID, dient dazu, Personen oder Objekte durch Computer eindeutig zu identifizieren und zu registrieren.

**Massachusetts
Institute of
Technology**

Abb. 54: Strichcode   *Abb. 55*

Hierbei kommen oftmals Chipkarten, PIN-Nummern oder biometrische Daten wie Fingerabdrücke oder die Augen-Iris zum Einsatz. Dabei bleibt es aber nicht. Die moderne Impftechnologie im Verbund mit der Mikroelektronik eröffnet denen, die die digitale Identität vorantreiben, ungeahnte Perspektiven. Sie ermöglichen die Markierung eines jeden Einzelnen mit einer Nummer, vergleichbar einem digitalen Strichcode.

Da überrascht es nicht, wenn Bill Gates zu den größten Förderern der digitalen Identität zählt. So lässt der Amerikaner in einem Reddit-Interview Anfang 2020 verlauten:»Irgendwann werden wir digitale Zertifikate haben, aus denen hervorgeht, wer sich erholt hat, wer getestet wurde oder – wenn es einen Impfstoff gibt – wann geimpft wurde.«[130]

Um das schnellstmöglich zu erreichen, gehört seine Stiftung zu den wichtigsten Förderern von ID4D und ID2020. Laut WHO handelt es sich dabei um zwei Allianzen, die sich verpflichtet haben,»Regierungen, Zivilgesellschaft, internationale Organisationen und den Privatsektor zusammenzubringen, um digitale Identitätstechnologien in großem Maßstab effizient zu implementieren«[131]. Konkret bedeutet das, dass ID4D, eine Initiative der Weltbankgruppe, Länder dabei unterstützt, entsprechende Identifizierungssysteme einzuführen. Ziel ist,»bis 2030 die Geburtenregistrierung und legale Identität für alle zu schaffen«[132]. Die andere Organisation, die ID2020, stellt ein Bündnis dar, das sich angeblich der Verbesserung der Lebensqualität durch digitale Identitäten verschrieben hat. Zu den Gründungspartnern zählen Microsoft sowie die von der BMGF mit hohen Summen finanzierte Impfallianz GAVI.[133]

Das Ziel der »Digital Identity Alliance«, so der volle Name von ID2020, ist die Entwicklung einer lebenslang gültigen, personalisierten, portablen, biometrisch verbundenen digitalen Identität für jeden Menschen auf dem Erdball.[134] In einem 2018 veröffentlichten Artikel erklärt ID2020 Impfstoffe zum idealen Weg, um dieses Ziel Realität werden zu lassen.

Passend dazu entwickelt das Massachusetts Institute of Technology (MIT) in einer von der Gates-Stiftung finanzierten Forschungsstudie eine Methode, wie das geschehen könnte, und zwar mittels eines Farbcodes, der im Zuge einer Impfung unter die Haut eingebracht wird. Dieser jahrelang aktive Code ist für das bloße Auge unsichtbar. Die Farbe enthält jedoch Quantenpunkte – Kristalle nicht größer als ein paar Nanometer –, die Nahinfrarotsignale aussenden, die wiederum per Kamera ausgelesen werden können.[135]

An codierten Daten speichert der Farbcode unter anderem Name, Geburtsdatum, Sozialversicherungsnummer, Gesundheitsdaten oder – Immunitätsnachweise. Ob darüber hinaus noch Bewegungs- oder Kontaktprofile erstellt und gespeichert werden, ist nicht bekannt und würde sicherlich vehement dementiert werden. Was von solchen Dementis der kalifornischen Priesterkaste zu halten ist, darauf verweist der schon dargelegte eklatante Widerspruch zwischen der Weltrettungs-Rhetorik und dem tatsächlichen Handeln der Gates-Stiftung im Globalen Süden.

Zur Verteidigung des Ansinnens, jeden Menschen auf dem Erdball mit einem Barcode zu versehen, verweisen die neuen Hohepriester auf Artikel 6 der Allgemeinen Erklärung der Menschenrechte, wonach jeder Mensch das Recht hat, überall als rechtsfähig angesehen zu werden.[136] Die digitale Identität, so die Begründung, würde dies ermöglichen, auch in Kriegs- und Krisengebieten, in denen die Menschen verständlicherweise die entsprechenden Unterla-

Abb. 56: Vereinte Nationen

gen nicht bei der Hand hätten. Außerdem würde man die Daten dezentral speichern, um damit einem Missbrauch durch staatliche Stellen vorzubeugen und dem Nutzer die Kontrolle über seine Daten zu ermöglichen.[137]

Ungeachtet des Umstandes, dass die Propagandisten der digitalen Identität bislang keinen Vorschlag gemacht haben, wie diese Kontrolle der Nutzer erfolgen könnte, braucht man solchem Wortgeklingel nicht viel Beachtung schenken. Erst recht nicht, wenn es von den ideologisierten Datenkraken kalifornischer Gesinnung stammt, die bereits heute die Nutzer schamlos ausspionieren. Ihnen geht es nicht um Menschenrechte oder Freiheit, sondern um Menschenknechtung und Kontrolle. Und zwar eines jeden Einzelnen. Keiner soll und darf sich der schönen neuen kalifornischen Welt entziehen. Wer es dennoch tut, der kann am gesellschaftlichen Leben nicht mehr teilnehmen. Wie das geht, zeigt Indonesien, wo beispielsweise nur Menschen subventioniertes Flüssiggas erhalten, die mit einer digitalen Identität ausgestattet sind.[138] In Bangladesch werden derweil Neugeborene gleich nach der Geburt mit einer solchen versehen[139], und in

Nigeria schickt man Drohnen los, um jene Personen zu identifizieren, die über keine Polio-Impfung verfügen.[140]

Die im Sold der BMGF stehenden Gesundheitsapostel und Weltverbesserer müssen naturgemäß jede unaufgezeichnete Geburt, jedes unkartografierte Dorf und jede Mutter, die über einen nur unvollständigen Impfpass verfügt, als Bedrohung für ihre Arbeit empfinden. Ganz besonders – ein Schelm, der Böses dabei denkt – stehen hier die Kinder im Zentrum der Aufmerksamkeit der selbst ernannten Wächter über das Wohlergehen der Menschheit. Jedes der 10 000 000 Kinder, das über keine formale Aufzeichnung seiner Existenz verfügt, stellt eine Identitätslücke dar. Dieser als globale Identitätskrise bezeichnete Zustand hat einen eigenen Indikator, den Punkt 16.9 in einer Art Wunschliste der Vereinten Nationen. Darin ist festgeschrieben, dass bis zum Jahre 2030 jeder Mensch eine formale, legale Identität erhalten soll. Zudem sollen mittels rücksichtslosen Einsatzes von Big Data, sozialen Netzwerken und drohnengestützten Luftbildaufnahmen/Wärmescans die Lücken in dieser weltweiten Inventur geschlossen werden, der Bestand an Kindermaterial weltweit gesichert und digital gespeichert werden. Dadurch schließt die BMGF die letzten weißen Flecken der Humanlandkarte auf diesem Planeten und unterwirft die letzten Freiheitsorte der Menschheit dem direkten Zugriff des kontrollwütigen Microsoft-Gründers.[141]

Mit der Einführung und der Verbreitung der digitalen Identität durch die Verbindung von Impftechnologie und Mikroelektronik droht der finale Schlag gegen die Individualität eines jeden Einzelnen. Bill Gates' Dystopia ist im Anzug; der ameisenhafte Einheitsmensch rückt näher.

6 | Das Virus als Feind

Gegen einen Feind gibt es kein besseres
Gegenmittel als einen zweiten Feind.
(Friedrich Nietzsche)

Es gehört zu den Eigenarten eines jeden Menschen, dass sich seine individuelle Identität zu erheblichen Teilen aus dem ergibt, was man *nicht* ist. Ein Mann ist keine Frau, ein Franzose kein Deutscher, ein Eisenbieger kein Philologe und ein Kommunist ist kein Kapitalist. Diese Abgrenzung gegenüber dem anderen definiert eine Persönlichkeit mindestens genauso wie tief verwurzelte Gewissheiten und Prinzipien. Zusammen machen sie den Menschen erst zu einem Individuum.

Das gilt über den Einzelnen hinaus auch für einen Staat, ein Volk und eine Gesellschaft. Das Kollektiv existiert nur durch die Unterscheidung von einem oder mehreren anderen Kollektiven. Diese sorgt für eine Art ideologischen Überbau, der jenseits der Tagespolitik mit ihren Konflikten für Zusammenhalt innerhalb der Gemeinschaft sorgt.

An diesem Phänomen kommen selbst die Propagandisten des bunten Einheitsmenschen in der Einen-Welt nicht vorbei. Mehr noch sind gerade sie es, die nicht müde werden, die Vorstellung von einem Wir und Ihr als menschenverachtende Gesinnung zu pathologisieren, die sich selbst über Abgrenzungen definieren. Sie sind es, die die Diskurslandschaft in Deutschland in ein Schlachtfeld verwandelt haben, durchzogen von tiefen ideologischen Gräben, scharf bewachten Demarkationslinien und Kontrollpunkten zwischen Hell- und Dunkeldeutschland, urbaner Elite und provinziellem Pöbel, zwischen Gut und Böse.

Ungeachtet der Unfähigkeit, vor allem der deutschen Sektion des kalifornischen Weltstaates, diesen bizarren Widerspruch zwischen Anspruch und Handeln zu erkennen, veranschaulicht das Vorgehen des bunten Deutschlands besonders deutlich die immense Bedeutung eines gemeinsamen Feindes für ein Kollektiv. Ein solcher

schweißt zusammen, mehr noch als die gemeinsame Idee. Nichts eignet sich besser, Einigkeit herzustellen und/oder ideologische und/
oder politische Ziele durchzusetzen, als ein Feind. Durch ihn lässt
sich jene Angst schüren, die Bürger zuerst in Untertanen und dann in
Verfügungsmasse für die Herrschenden verwandelt.

Aber Feind ist nicht gleich Feind, sein Bild hat sich im Laufe der
Menschheitsgeschichte vielfach gewandelt. Dabei folgt die Evolution
des Feindbildes der der gesellschaftlichen Zustände. Vom Barbaren
bis zum Virus.

6.1 | Der Feind im Wandel der Zeit

Im Alten Rom und Griechenland ist die Sache relativ einfach. Man
unterscheidet zwischen Römern beziehungsweise Griechen und
Nicht-Römern beziehungsweise Nicht-Griechen. Letztere nennt man
auch Barbaren. Barbaren gelten als wild und unkultiviert, als unge-
pflegt, ungebildet und hoffnungslos rückständig, was sich für die Römer unter anderem darin zeigt, dass Barbaren keine staatlichen
Strukturen vorweisen können, sondern sich in Stämmen organisie-
ren. Außerdem werden ihnen durchweg schlechte Eigenschaften
nachgesagt, wie Trunksucht, Rauflust und Tischmanieren, die bei
den auch auf kulinarischem Gebiet führenden Römern oder Griechen nur Ekel hervorrufen.

Darüber hinaus unternimmt man den Versuch, Barbaren nicht
nur aufgrund zivilisatorischer Standards auf eine niedrigere Entwick-
lungsstufe als die kultivierten Griechen oder Römer zu verbannen,
sondern zudem mittels biologischer Kriterien. Ausgangspunkt ist die
Überlegung, dass bestimmte Charaktereigenschaften ihre Ursache in
klimatischen Gegebenheiten haben. Demgemäß schreibt der Kriegs-
theoretiker Vegetius am Ende des 4. Jahrhunderts, dass die Völker
heißer, trockener Gebiete zwar intelligent seien, jedoch auch ver-
schlagen und zumeist nicht sonderlich mutig. Grund dafür sei der

Umstand, dass sie weniger Blut besäßen als andere, was wiederum dazu führe, dass sie eine größere Angst vor Wunden hätten. Kelten und Germanen, also die Völker des Nordens, seien hingegen wenig klug, dafür aber dank eines Überschusses an Blut sehr kriegstüchtig. Hinzu komme die Kälte, diese sei gesund und fördere die Vermehrung der Barbaren des Nordens.[142]

Aus solcherlei Versuchen, die Barbaren zu kategorisieren, spricht unter anderem die Furcht vor eben diesen. Nicht ganz grundlos. Am 6. Oktober 105 v. Chr. vernichten die Kimbern und Teutonen, zwei germanische Stämme aus dem Norden, wahrscheinlich aus Jütland, bei Arausio zwei römische Heere. Danach ist der Weg nach Italien und nach Rom offen. Letztendlich wählen die Kimbern und Teutonen jedoch einen anderen Weg: Sie ziehen stattdessen nach Norden, ins gallische Kernland. Das aber ändert nichts an der Panik, die die Nach-

Abb. 57: Gemälde von 1858, »Die Schlacht bei Agen«, die zweite Niederlage der Römer gegen die Kelten

Abb. 58: Das Wappen der Inquisition

richt vom Sieg der Germanen in der Ewigen Stadt auslöst. Sie überdauert Generationen und avanciert in dieser Zeit zu einem immer wieder beliebten Instrument in der römischen Innenpolitik.

Ein paar Jahrhunderte später, in der frühen Neuzeit, stellt sich der Feind vorübergehend nicht mehr als Mensch aus Fleisch und Blut dar, sondern als übersinnliches Wesen, in dem das absolut Böse zur Gestalt wird: Satan, Teufel oder Tier genannt. Das ist nicht verwunderlich für eine Epoche, in der die Religion die Wirklichkeit bestimmt und die katholische Kirche über dieselbe, wenn nicht noch größere Machtfülle verfügt wie die weltlichen Herrscher.

Die Gläubigen hält man indes mit Schauergeschichten vom Teufel bei der Stange. Sonntag für Sonntag, Gottesdienst für Gottesdienst wird die Angst vor dem Bösen heraufbeschworen. Aber nicht nur das, vielmehr demonstriert die heilige Inquisition den Gläubigen die alltägliche Gegenwart des Feindes. Rund 70 000 Menschen werden dafür innerhalb von rund 200 Jahren bei lebendigem Leibe verbrannt, in der Hauptsache Frauen. Unter der Folter gestehen sie sämtliche Vorwürfe von angeblichen schwarzmagischen Ritualen und/oder Unzuchtdelikten mit dem Satan und werden anschließend der »reinigenden Kraft« des Feuers übergeben.

Die Verbrennungen dienen allerdings nicht nur dem Gaudium und der Einschüchterung der Gläubigen. So wie Stadtbewohner sich auf diese Weise missliebiger Mitbürger entledigen, entledigt sich die große Politik ihrer Feinde. So zum Beispiel Jan Hus, der tschechische Reformator, der am 6. Juli 1415 in Konstanz als Ketzer auf dem Scheiterhaufen endet. Mit ihm schaffen sich die Mächtigen einen oppositionellen Geist vom Hals.

Hinzu kommt: Die Angst vor Satan und seinen versteckten Machenschaften ist ein lukratives Geschäft. Damals wie heute sind die Menschen bereit, viel Geld auszugeben, um sich von einer imaginierten Schuld zu befreien und sich gleichzeitig gegen das übersinnliche Böse zu wappnen. Das machen sich Kirchen aller Art zunutze. Die Priesterschaft, egal ob geistlich oder weltlich, wird nicht müde, die Qualen der Hölle in drastischen Bildern und blutrot auszumalen. Nur um gleich im Anschluss die Möglichkeit zu offerieren, sich davon freizukaufen. Folgerichtig lautet das Motto des Ablasshandels: »Wenn das Geld im Kasten klingt, die Seele aus dem Fegefeuer springt.« Und das hat bis heute Gültigkeit. Oder wie sonst soll man es verstehen, wenn Menschen und Unternehmen versuchen, die angeblich von ihnen produzierten Treibhausgasemissionen durch Spendenzahlungen an irgendwelche Umwelt-NGOs auszugleichen?

Aber zurück zum Feind, der im 19. Jahrhundert wieder menschliche Züge und Gestalt annimmt. Im Zuge des durch die Französische Revolution forcierten Nationalismus glaubt man den Feind zunächst im Mitglied eines anderen Volkes oder einer anderen Nation zu erkennen. Das gilt insbesondere für das Verhältnis der beiden Völker rechts und links des Rheins. Man unterstellt sich gegenseitig Minderwertigkeit, hier die dekadente Zivilisation, da die dumpfe Kultur. Die Unterschiede wachsen sich zu einer beidseits proklamierten »Erbfeindschaft« aus, die 1848/49 noch in einem

Abb. 59: Hoffmann von Fallersleben

Abb. 60: Marx, Engels, Lenin, Stalin

»Dichterkrieg« ausgetragen wird, dem wir das »Deutschlandlied« des Hoffmann von Fallersleben zu verdanken haben. Etwas mehr als 2 Jahrzehnte später, 1870/71, sprechen dann die Waffen. Gleichzeitig erschaffen Karl Marx und Friedrich Engels in der zweiten Hälfte des 19. Jahrhunderts ein zweites wirkmächtiges Feindbild, das ganz im Zeichen der industriellen Revolution steht und sich bis heute nicht nur erhalten hat, sondern gerade in einer vulgären Variante eine Renaissance erlebt. Dieser Feind zeichnet sich weniger durch Herkunft, Nationalität, Hautfarbe oder Religion aus, sondern durch seine Klassenzugehörigkeit. Von nun an ist der kapitalistische Klassenfeind, verkörpert in der Bourgeoisie, die Wurzel allen Übels. Er und sein privates Kapital stehen der Verwirklichung einer klassenlosen Gesellschaft entgegen, in der alle gleich sind und frei von eigennützigen Ideen zum Wohle aller handeln.

Was dieser angeblich so hehre Gedanke in der Wirklichkeit bedeutet, mag das Beispiel der Kulaken, selbstständige Bauern in der Sowjetunion der 1930er-Jahre, vergegenwärtigen. Sie stehen Stalins Plan im Wege, endgültig mit den alten traditionellen Strukturen auf dem Land aufzuräumen und der Partei die Kontrolle über die Landwirtschaft zu verschaffen. Also schreitet der rote Zar zur Tat und eröffnet den Feldzug gegen die »Klasse der Kulaken«. Die Bauern sind angeklagt, der Allgemeinheit aus schäbigem Egoismus Getreide vorzuenthalten, es stattdessen illegal zu horten und mit dem Klassenfeind im Bunde zu stehen. Infolgedessen werden sie millionenfach vom Staat ihres Eigentums beraubt, deportiert und ermordet.

So lange, bis Stalin sein Ziel, die Zwangskollektivierung der Landwirtschaft, erreicht hat und die Gegenwehr der Kulaken erlischt. Zwar bricht daraufhin die landwirtschaftliche Produktion vollständig zusammen mit verheerenden Auswirkungen für die gesamte Sowjetunion – aber was macht das schon, wenn es um die Durchsetzung des Guten geht?

6.2 | Der »ewige Jude« als Krankheitserreger

Gegen Ende des 19. Jahrhunderts kommt schließlich noch eine dritte Feindbildvariante auf. Diese richtet ihren Fokus auf das Blut und die »Rasse«, wobei ein besonderes Augenmerk auf dem Merkmal der Reinheit liegt. In den Vereinigten Staaten werden daraus, wie gesehen, Programme zur Zwangssterilisierung von Menschen, die das rasereine Kollektiv mit ihrem angeblich minderwertigen Erbmaterial bedrohen. Im Dritten Reich mündet diese Vorstellung in Vernichtungslagern wie Auschwitz.

Es ist kein Zufall, wenn die Vorstellungen von »Rassereinheit« und das daraus resultierende Feindbild gerade in der Zeit entstehen, als sich im Schatten der industriellen Revolution noch eine andere Revolution ereignet. Die Rede ist von den Durchbrüchen in der Mikrobiologie, der Medizin und Hygiene.

Den rassistischen Ideologen um die Jahrhundertwende vom 19. ins 20. Jahrhundert fällt es nicht schwer, die bahnbrechenden neuen

Abb. 61: »Eugenik ist die Selbststeuerung der menschlichen Evolution«: Logo der zweiten Internationalen Eugenik-Konferenz, 1921

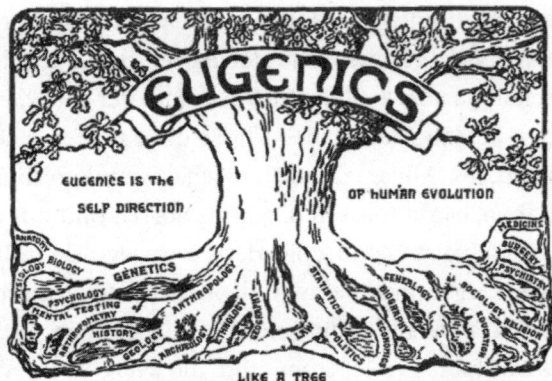

Erkenntnisse in der Biologie auch auf Politik und Gesellschaft umzumünzen. Ihre Vorstellung von einem Volk gründet auf der Idee, dass alle Angehörigen eines Volkes nicht nur durch Sprache und Kultur, sondern darüber hinaus auch biologisch unauflöslich miteinander verbunden sind. Diesem Verständnis nach bildet das Volk eine Art Superorganismus, in dem sich alle Individuen, gleich einem Ameisenstaat, bedingungslos dem vermeintlichen Wohl des großen Ganzen unterordnen beziehungsweise unterzuordnen haben.

Über dem Volk steht nach Ansicht der »Rassekundler« als nächsthöhere Einheit die Rasse. Sie wird von Menschen verschiedener, aber »artverwandter« Völker gebildet und befindet sich in einem fortwährenden, niemals endenden Kampf um die Weltherrschaft. Dafür teilen sie die Welt in »Herren-« und »Untermenschen« ein. Dementsprechend viel Wert legen die, die sich als »Herrenmenschen« sehen, auf die Reinheit des Erbgutes – »Rassenhygiene« genießt unter ihnen absolute und unbedingte Priorität. »Rassenschande« hingegen wird gnadenlos verfolgt. Diese stellt für jene Theoretiker nichts Geringeres dar als einen Anschlag auf die Gesundheit der gesamten Herrenmenschenrasse, was wiederum schwerer wiegt als Landes- oder Hochverrat. Seine grausamsten Auswüchse erlebt dieser rassistische Hygienewahn in den Jahren der nationalsozialistischen Gewaltherrschaft zwischen 1933 und 1945. Der braune Antisemitismus reichert die weitverbreitete und klerikal grundierte Judenfeindschaft im Reich mit angeblich wissenschaftlichen Argumenten an. Daraus entsteht jener eliminatorische Hass, der in den Juden nicht mehr »nur« die »Christusmörder« oder »raffgierigen Kapitalisten« sieht. Vielmehr wird ihnen das Menschsein abgesprochen, und man erklärt sie zu einem tödlichen Parasiten, einem Krankheitserreger in Menschengestalt, dessen Ausrottung Ziel einer jeden Politik sein müsse.

Da helfen auch keine Eisernen Kreuze oder sonstigen Auszeichnungen, die im Ersten Weltkrieg vieltausendfach an deutsche Soldaten und Offiziere jüdischen Glaubens verliehen worden sind. Ihr Einsatz und ihre Opfer sind umsonst gewesen. Ab 1933 betrachtet sie jener Staat, dessen Bürger sie sind und für den sie gekämpft und gelitten haben, nicht nur als Feind, sondern als absoluten Todfeind. Aus Sicht eines Rassenhygienikers wie Hitler ist das nur logisch. Für ihn verkörpert der »ewige Jude« das grundsätzlich andere, den Feind schlechthin. Im Rassenkampf muss die Nationalität hinter der Biologie zurückstehen.

Der hygienische Charakter des nationalsozialistisch motivierten Judenhasses spiegelt sich auch in den Kampagnen der »Herrenmenschen« gegen die Juden als biologische Bedrohung der »Arier« und das Judentum als vermeintlich todbringendes Virus wider. Zuerst wird der »Krankheitserreger« identifiziert, dann isoliert, entrechtet und schließlich aus dem »gesunden Volkskörper« entfernt. Ist das gelungen, folgt die Verstoßung aus dem Menschengeschlecht. Juden gehören fortan nicht mehr dazu, sie stehen auf einer Stufe mit Tieren, genauer gesagt mit Ratten und Ungeziefer. Nun kann man dazu übergehen, sie zu eliminieren.

In Anbetracht dessen stellt sich die Frage, wie Juden dennoch, obwohl sie doch angeblich nur Tiere und des Menschseins nicht würdig sind, eine Bedrohung für die Herrenmenschen darstellen können. Die Antwort der NS-Rassenhygieniker darauf lautet: durch ihre Verschlagenheit und Hinterhältigkeit. Um diese zu illustrieren, greift die

NS-Propaganda nur allzu gerne auf sexuelle Sujets zurück. Der buck-lige, bärtige und hakennasige Jude schändet die blonde, unschuldige deutsche Maid – dieses Bild ist besonders beliebt unter den Kultur-und Medienschaffenden des Dritten Reiches.

Damit greift man einerseits auf eine altbewährte und bis heute ger-ne angewandte Methode zurück, um Unliebsame zu stigmatisieren. Dem Feind sexuelle Sittenlosigkeit und/oder Perversion zu unterstel-len ist einer der Charakterzüge, die allen Feindbildern im Laufe der Geschichte gemeinsam sind. Andererseits wecken und bedienen die NS-Propagandisten mit ihren Schändungsfantasien eine der tief sit-zenden Urängste in der Bevölkerung und machen im Subtext deut-lich, dass weit mehr auf dem Spiel steht als die Vergewaltigung einer oder mehrerer Frauen. Vielmehr ist die arische Herrenmenschenras-se im Begriff, vom »ewigen Juden« hinterrücks vergewaltigt zu wer-den. Damit ist propagandistisch der Weg bereitet für das, was sich dann ab 1941 ereignet: die systematische Ausrottung der europäi-schen Juden.

Dazu verwenden die Nationalsozialisten im Übrigen eine Subs-tanz namens Zyklon-B. Es handelt sich dabei eigentlich um ein Mittel zur Bekämpfung von Schädlingen und Ungeziefer, das nun gegen Menschen zum Einsatz kommt, die dazu erklärt worden sind. Damit

Abb. 62:
Zyklon-B-
Behälter

ist Zyklon-B zum Symbol für ein ideologisches Glaubenssystem geworden, das in Andersartigen und Andersdenkenden nur mehr ein hygienisches Problem zu sehen imstande ist.

6.3 | Der Feind im 21. Jahrhundert

Heute, am Beginn der 2020er-Jahre, gibt es offiziell keinen Feind mehr. Das ergibt sich bereits aus den Grundüberzeugungen der Kalifornischen Ideologie, wonach alle Menschen ununterscheidbar gleich seien und sich nur als Freunde, wenn nicht gar als Geschwister begegnen sollen. In einem solchen Klima liegt es auf der Hand, dass jede Feindschaft gegen einen anderen Menschen offiziell ausgeschlossen und verboten ist.

Deshalb kommen in der Berliner Sektion der kalifornischen Weltverbesserer auch IS-Kämpfer, die Deutschland und die Deutschen zu ihrem Feind erklärt haben, in den Genuss dieser grenzenlosen Menschenliebe. Warum auch nicht? Schließlich liegt man ja ideologisch nicht so weit auseinander, wo es doch inzwischen zum guten parlamentarischen Ton gehört, sich als antideutsch zu bekennen. Weshalb es sich das Außenministerium nicht nehmen lässt, aus Ekel vor dem Volk, das es nach außen hin vertreten muss, den Begriff deutsches Volk in Anführungszeichen zu setzen.[143]

Das zeigt vor allem eins: Natürlich kennt auch der Hippie-Staat in der Mitte der Alten Welt, der behauptet, Feindschaft abgeschafft zu haben, Feinde. Sogar sehr viele, nämlich all jene, die sich weigern, auf dem Weg ins totale Regenbogenland zu folgen. Sie werden gemeinhin als Nazis bezeichnet, als Rechte, Menschenfeinde oder auch gerne als »Krebsgeschwür«, das »rücksichtslos« bekämpft werden muss.[144]

Die hassgepeitschte Wortwahl deutet die Hysterie an, mit der die kalifornische Priesterkaste all jene, die schon länger hier leben, einem antifaschistischen Exorzismus zu unterziehen trachtet. Nichts soll

Abb. 63: Für das Außenministerium existiert das Deutsche Volk nur in Anführungszeichen.

unversucht bleiben, um den 30. Januar 1933 nachträglich zu verhindern. Da kann es dann schon mal passieren, dass im Dezember 2016 ein Schausteller zum Vor- und Wegbereiter einer erneuten hitlerschen Machtergreifung erklärt wird, da das 60 Jahre alte Feuerwehrauto in seinem Karussell das ebenso alte Kennzeichen HH – 88 trägt, was wiederum einen NS-Code und deshalb eine braune Verhöhnung der bunten Demokratie in Deutschland darstellt oder so ähnlich.[145]

Dabei liegt nichts ferner als eine nationalsozialistische Machtergreifung. Der Grund ist einfach. Entgegen der staatlichen Propaganda gibt es schlicht und einfach keine revolutionäre braune Bewegung, die kurz davorsteht, die Straßen und die Parlamente der Republik zu entern.

Dennoch – oder gerade deshalb – ist der Nazi das beliebteste Feindbild derer, die kein Feindbild zu kennen vorgeben. Kein Tag vergeht ohne Nazi-Skandal oder Warnungen, dass die braunen Bataillone sich zum Marsch auf Berlin rüsten würden. Dabei verzichtet man wohlweislich darauf zu definieren, was denn nun genau einen Nazi ausmacht. Aber das liegt in der Natur eines Feindbildes, das zu totalitären Zwecken genutzt wird. Es muss möglichst verschwommen bleiben. Stattdessen wird der Begriff »Nazi« als quasi Kurzform von

Menschenfeind auf all jene angewandt, die die Glaubensdogmen und -inhalte der Kalifornischen Ideologie hinterfragen oder gar ablehnen. Von A wie Autofahrer bis Z wie Zionist, nichts und niemand ist gegen die Stigmatisierung als Nazi und/oder Menschenfeind gefeit, der es darauf abgesehen habe, Deutschland wieder in ein Reich des Bösen zu verwandeln. Das ist natürlich Quatsch, trotzdem wird die kalifornische Priesterkaste nicht müde, sich dazu passende Verschwörungen auszudenken und diese mit heiligem Ernst zu verfolgen. Eine Gepflogenheit, die wir ebenfalls von tyrannischen und totalitären Systemen kennen und die den Sprung ins 21. Jahrhundert scheinbar unbeschadet überstanden hat.

Wie seine Vorgänger, der Klassen- und Rassenfeind, krankt auch der Nazi/Menschenfeind der Jetztzeit an dem Umstand, dass sich hinter all den Zuschreibungen und Vorurteilen eine tatsächliche Person aus Fleisch und Blut befindet. Der zwischenmenschliche Kontakt ist das Antidot zu jedem Feindbild. Wie eine Nadel, die in einen aufgeblasenen Luftballon gestoßen wird, so wirkt die Bekanntschaft mit einem erklärten Feind auf ein propagiertes Feindbild. Aktuelles Beispiel dafür ist der in den letzten Tagen des Jahres 2019 gescheiterte Versuch des WDR, immerhin der wichtigste öffentlich-rechtliche Sender, in einem Video Großmütter ganz grundsätzlich zu Umwelt- und später noch zu Nazisäuen herabzuwürdigen. Doch so weit ist selbst die bunte Republik noch nicht. Die Oma verweist das staatlich verordnete Feindbild Nazi/Menschenfeind in seine Grenzen. Zumindest für ein paar Tage und Wochen. Bis Corona den Hass aufs Neue anfeuert und wiederum auf einem öffentlich-rechtlichen Kanal frohlockt wird, dass das Virus eigentlich die Richtigen erledigen würde. Nämlich die alten, weißen Männer – ein anderes Pseudonym für den »Menschenfeind« –, und die hätten es ja nicht besser verdient.

Dem aber nicht genug, sind aus den USA bereits erste Stimmen zu vernehmen, nach denen die weiße Hautfarbe selbst eine virusähnliche Erkrankung darstellt. Ganze universitäre Studiengänge beschäftigen sich unter dem Namen »Critical Whiteness Studies« mit der

Analyse der Verbreitung europäischer Kulturnormen über den gesamten Planeten. Diese historische Entwicklung wird vom Standpunkt des Parasitismus und der Infektionskrankheit aus betrachtet. Die Anzeichen dafür, dass ein Volk von »Whiteness« befallen ist, sind demnach Merkmale wie Mathematik, schriftliche Gesetze oder Papiergeldverkehr. Diese radikal konstruktivistischen und kulturrelativistischen Theorien verstehen auch die globale Covid-19-Pandemie ausschließlich als Auswirkung der rassistischen Hegemonie von »Whiteness«. Das Auftreten des Virus wird sowohl hinsichtlich der Namensgebung als auch der Ursachenforschung auf asiatische Quellen zurückgeführt, was wiederum ohne den rassistischen Gemeinplatz von der »gelben Gefahr« undenkbar wäre. Dahinter steht der Gedanke, dass jeder weiße Mensch andere Hautfarben grundsätzlich nur als Gefahr und Bedrohung wahrnehmen kann. Wohingegen nach Vorstellung dieser Forscher alle anderen Hautfarben inklusiv, tolerant und multikulturell sein sollen.[146]

6.4 | Feindbild Corona

Damit sind wir bei Corona, dem Virus, das als neuzeitliche Pest vielleicht nicht taugt, dafür aber umso mehr als ideales zeitgemäßes Feindbild.

Covid-19 ist die perfekte Gefahr von außen: Es ist unsichtbar und kommt anders als die jüdische, bolschewistische oder Nazi-Weltverschwörung niemals in die Verlegenheit, Gestalt annehmen zu müssen. Diese Intangibilität verhindert zuverlässig jede Form von Mitgefühl. Die Angst des gedungenen Mörders vor jedweder Empathie bringt Heinrich Himmler in seiner bösartigsten Form zum Ausdruck: »Und dann kommen sie alle, all die braven 80 Millionen Deutschen, und jeder hat seinen anständigen Juden, sagt: ›Alle anderen sind Schweine, und hier ist ein prima Jude.‹«

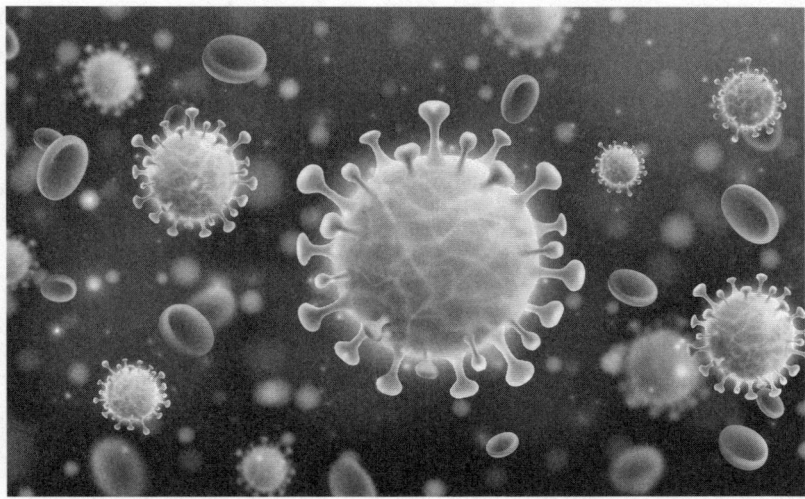

Abb. 64: Darstellung Coronavirus

Aber auch wenn der Feind kein Mensch, sondern ein Tier wäre, beispielsweise ein Insekt oder eine Kröte, es würde sich stets ein Fürsprecher finden, wie die derzeitige Diskussion um aggressive Wolfsrudel zeigt. Ein Virus dagegen ist mit an Sicherheit grenzender Wahrscheinlichkeit ohne jede Lobby. Außerdem bedroht das Virus alle, vielleicht die eine Gruppe etwas mehr als die anderen, aber im Endeffekt kann sich keiner davon ausnehmen, alle sind mehr oder weniger davon betroffen. Wobei bislang keiner genau weiß, wie groß das Bedrohungspotenzial tatsächlich ist. Auf jeden Fall so groß, dass sich über alle ideologischen und politischen Grenzen hinweg die Menschen in Deutschland hinter die Regierung scharen.

Dies ist ein ganz normaler Vorgang. In der Krise rücken Gemeinschaften zusammen und lassen Dinge zu, die sie als Gesellschaft in normalen Zeiten niemals hinnehmen würden. Wie zum Beispiel den Umstand, dass die Kanzlerin wochenlang das gesamte gesellschaftliche und wirtschaftliche Leben abwürgt, und das zu einem Zeitpunkt, als die Infektionszahlen in Deutschland bereits im Sinken begriffen sind. Die Angst vor dem Virus macht es möglich. Zur Not hilft man bei der Panikmache nach. Dies zeigen geleakte Dokumente aus dem deutschen Innenministerium sowie dem österreichischen Bundeskanzleramt, in denen die Strategie beschlossen wurde, Angst als Mittel zur Durchsetzung der Herrschaftsziele einzusetzen.[147]

Dazu gehört auch, dass mithilfe dieser Furcht vor der unsichtbaren Bedrohung und einer kalifornisch motivierten Gesundheitspolitik die Demokratie in Deutschland endgültig geschliffen wird. Corona verschiebt die Maßstäbe. Das Virus macht die Diktatur wieder möglich. Merkel hat im Namen der Gesundheit die Tür dahin aufgestoßen, und die wird sich nicht so einfach wieder schließen lassen. Schon sind erste Stimmen zu hören, die denselben diktatorischen Durchgriff fordern, um der angeblichen Klimakrise Herr zu werden. Schließlich würde sich diese um einiges schlimmer auswirken als das Virus. Da dürften die Corona-Maßnahmen erst der Anfang sein. Man merkt, die letzten Reste der Demokratie in Deutschland werden von der neuen Priesterkaste bereits ins Visier genommen. Daher sollte man Bill Gates genau zuhören, wenn er davon redet, dass die Zeiten niemals wieder so sein werden, wie sie vor dem Virus waren. Er meint es genau so.

In einer echten Demokratie würde nun den Medien die Aufgabe zukommen, derlei offensichtliche Versuche zur Beseitigung demokratischer Strukturen offenzulegen, Informationen darüber zugänglich zu machen und so den Machenschaften einen Riegel vorzuschieben. Doch wir befinden uns in der bunten Republik, in der inzwischen viele Journalisten jedes Neutralitätsgebot nicht nur abgelegt haben, sondern derlei auch nicht mehr für zeitgemäß halten. »Die Zeit der Neutralität ist vorbei«, titelt beispielsweise *Spiegel Online* Anfang Juni 2020.[148] Hier, in der Berliner Sektion des kalifornischen Weltstaates, agieren die Presse mittlerweile regierungskonform und die Regierung pressekonform. Daher ist kein medialer Widerstand zu erwarten, wenn über den totalen Gesundheitsstaat nach dem Gusto des Bill Gates als Folge der Corona-Pandemie oder dessen, was so genannt wird, der Einstieg in den nächsten Überwachungsstaat und Totalitarismus erfolgt. Es ist ja der ihre.

Abb. 65: Hier steht eine Nachricht eines Wurm-Programmierers an den damaligen Microsoft-CEO Bill Gates.

Außer als ideales Feindbild eignet sich das Virus zudem noch als überaus vielsagendes Symbol. Oder ist es vielleicht wirklich nur ein Zufall, ein zynischer Vers der dichtenden Clio, dass es in einer Zeit, in der Computer-Freaks weltweit nach der Macht greifen, ausgerechnet ein Virus ist, das die Welt lahmlegt?

Wohl kaum. Wir befinden uns im 21. Jahrhundert, wo Politik nicht mehr auf der Straße oder auf dem glatten Börsenparkett gemacht wird, sondern auf den transatlantischen Daten-Highways. In einer solchen Zeit werden die Wechsel politischer Systeme nicht mehr auf der Straße erzwungen oder einfach eingekauft, heute erfolgt das Ganze virtuell. Die Zeiten der Barrikadenkämpfe sind vorbei, ebenso die der revolutionären Massenaufmärsche oder Palaststürmungen. Im digitalen Zeitalter wird das System stattdessen mittels eines Virus zuerst zum Absturz gebracht, dann nach den Wünschen der neuen Priesterkaste umkonfiguriert und anschließend wieder hochgefahren – eben ganz so, wie es gerade in Europa und Deutschland im Zuge der Coronakrise vonstattengeht.

Das ist nicht besonders spektakulär, auf jeden Fall weit weniger als der Sturm der Tuilerien (10. August 1792) oder des Winterpalais (8. November 1917), aber um einiges effektiver. Es gibt weniger unschöne Bilder – eine politische Währung, wie wir seit Merkels Weigerung, an der Grenze Recht und Ordnung wiederherzustellen, wissen. Und außerdem: Wenn die Menschen wieder aus dem Lockdown hervorkommen und in eine Zukunft schauen, wie sie unsicherer nicht sein könnte, haben die kalifornischen Eliten leichtes Spiel dabei, freie Bürger in ameisengleiche Sklavenexistenzen zu verwandeln, und das, ohne dass diese es zunächst bemerken. Ihr Schicksal besiegelt eine Impfung, die nicht per Gesetz erzwungen wird; das braucht es dann auch gar nicht mehr, denn es gibt mittlerweile andere Wege zur Durchsetzung. Durch Ausgrenzung und Diskriminierung der Ungeimpften im Alltag zum Beispiel. Wenn die Leute merken, dass aus ihnen menschliche Ameisen geworden sind, deren Wohl und Wehe ganz in den Händen der Verwalter ihrer Daten liegt, wird es zu spät sein. Dann hilft auch kein Protest mehr. Wer erst wie Nutzvieh mittels unsichtbarer Farbcodes markiert worden ist, für den gibt es kein Entkommen aus der Herde.

Bill Gates' Traum von der Impfung aller Menschen hat, zumindest in Deutschland, gute Chancen auf Verwirklichung. In ihm, dem Microsoft-Gründer, nimmt die Dystopie Gestalt an. Wenn es unter den Hohepriestern der Kalifornischen Ideologie einen Experten gibt für alles, was mit Viren zusammenhängt, dann ist dies sicherlich der Milliardär vom Lake Washington. Viren sind für ihn in gleich doppelter Hinsicht von zentraler Bedeutung. Zum einen als Gesundheitsaktivist, der es sich zum Ziel gesetzt hat, die gesamte Menschheit zu impfen. Dass er dafür bereit ist, über Leichen zu gehen, haben wir bereits gesehen. Zum anderen kennt er als Computerspezialist die unendlichen Einsatzmöglichkeiten von Viren nur zu gut. Er weiß genau, wie man sie einsetzt, um ein Ziel zu erreichen. Und das heißt in diesem Fall: der kalifornische Weltstaat. Ein Konstrukt, dessen Wohl und Wehe unter anderem in seinen Händen liegt.

7 | Adrenochrom

»Du hast Unsterblichkeit im Sinn;
kannst du uns deine Gründe nennen?«
Gar wohl! Der Hauptgrund liegt darin,
daß wir sie nicht entbehren können.

(Johann Wolfgang von Goethe)

Kehren wir nach diesem Ausflug in die Gedankenwelt der Hohepriester der Kalifornischen Ideologie zurück zu Bill Gates, seiner Frau Melinda sowie deren gemeinsamer Stiftung.

Wir haben gesehen, wie Bill Gates unter dem Deckmantel philanthropischer Gesinnung seine geschäftlichen und politisch-ideologischen Interessen in Afrika und Asien durch seine Stiftung vorantreibt. Dabei hebelt er die ohnehin schon fragilen Gesundheits- und Sozialsysteme jener Staaten, in denen die BMGF aktiv ist, durch das Schaffen von Abhängigkeiten systematisch aus, was sich wiederum auf die politische Stabilität der Länder auswirkt.

Darüber hinaus haben wir erfahren, wie die Gates-Stiftung im Epizentrum diverser Netzwerke und Allianzen steht, die alle nur dem einen Zweck dienen: Bill Gates' Impfwahn weltweit zu exekutieren. Das Ziel ist klar: »Wir werden […] den Impfstoff letztendlich 7 000 000 000 Menschen verabreichen«.[149] Vordergründig spricht Gates von einem Impfstoff gegen das Coronavirus, aber daran darf man getrost Zweifel anmelden. Was er in Wirklichkeit meint, das ist die Installierung des totalen Gesundheitsstaates nach seinen Vorstellungen. Was ein solcher für jeden Einzelnen bedeutet, wissen wir aus dem vorangegangenen Kapitel.

Kommen wir daher zu einem Aspekt in der Ideologie des Bill Gates, der zwar ebenfalls bereits Erwähnung gefunden hat, den wir aber noch einmal aufnehmen möchten, da er uns in eine Welt führt, die wie ein bizarrer Albtraum anmutet und doch real existiert.

Die Rede ist von Gates' Überzeugung, dass die Überbevölkerung am Grunde aller Ungerechtigkeit und allen Übels in der Welt liegt. Sie zu bekämpfen und das Wachstum der Erdbevölkerung global in den Griff zu kriegen, wenn nicht gar rückgängig zu machen, darin sieht er die wichtigste und zentrale Herausforderung in der Zukunft. Davon hängt nach der veröffentlichten Meinung von Gates das Sein oder Nichtsein des gesamten Menschengeschlechts ab.

7.1 | Abtreibungsenthusiasmus

Bill Gates teilt diese Weltsicht mit seiner Frau Melinda. Für die dreifache Mutter scheint die Verhinderung von Schwangerschaften ein Lebensthema zu sein. Das Ehepaar Gates ist sich einig, dass »Verhütungsmittel das wichtigste Instrument darstellten, das je erfunden worden war, um Leben zu retten, Armut zu bekämpfen und Frauen zu fördern. Als wir die segensreichen Auswirkungen der Familienplanung erkannten, setzten wir den Zugang zu Verhütungsmitteln ganz oben auf unsere Prioritätenliste.«[150]

Daher ist es nicht verwunderlich, wenn beispielsweise die BMGF und der Pharmagigant Bayer 2013 vereinbaren, 27 000 000 Frauen ein von Bayer vertriebenes Verhütungsimplantat (»Jadelle«) über 6 Jahre hinweg zur Verfügung zu stellen, wobei der Stückpreis um mehr als 50 Prozent, von 18 auf 8,50 Dollar, reduziert wird. Nach Angaben von Bayer hat das Jadelle-Programm fast 30 000 000 Schwangerschaften verhindert.

Das subkutane Implantat ist eine Entwicklung der gesundheits- und bevölkerungspolitisch ausgerichteten Non-Profit-Organisation

Abb. 66: Strukturformel Levonorgestrel

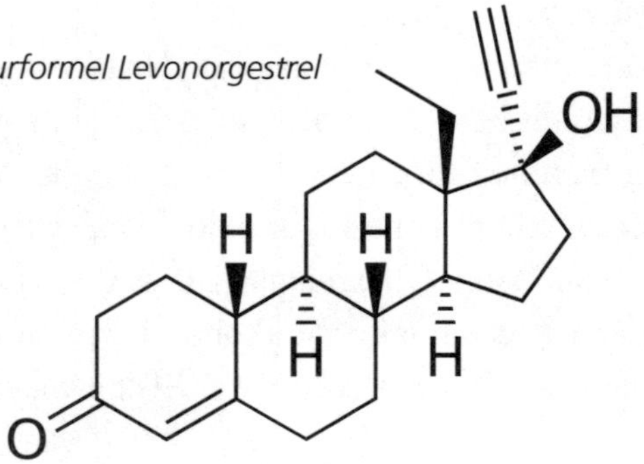

»Population Council« und ermöglicht, einmal implantiert, durch die Abgabe des synthetischen Schwangerschaftshormons Levonorgestrel eine Empfängnisverhütung für die Dauer von bis zu 5 Jahren. Als es dann so weit ist und das Projekt von »Population Council« startet, ist die Abbrecherquote von Beginn an hoch – sie beläuft sich auf rund ein Drittel der Nutzerinnen in den ersten 3 Jahren, so eine hauseigene Studie der NGO. Die Frauen, die das Implantat wieder entfernen lassen, klagen über unregelmäßige, zu starke, zu häufige oder ausbleibende Monatsblutungen. Dazu kommen Kopfschmerzen, Depressionen, Gewichtszunahme und Haarausfall. Aber was macht das schon, wenn man gleichzeitig einem Produkt zum Durchbruch verhelfen und seine ganz persönlich zusammengezimmerte Ideologie an wehr- und arglosen Menschen ausprobieren kann.

Mit der Förderung dieser Technologie torpedieren Gates und die BMGF die Arbeit jener Frauen, die seit Jahrzehnten dafür kämpfen, die Empfängnisverhütung nicht als rein medizinisches oder gesundheitspolitisches Problem zu betrachten. Sondern als eines, das die Stellung der Frau in den Gesellschaften des Globalen Südens generell betrifft. Stattdessen gibt es eine vermeintlich einfache, kostengünstige und technische Lösung, die gleichzeitig aber allen feministischen Kämpfen der vergangenen Jahrzehnte für umfassende Gesundheitsversorgung und Gleichberechtigung Hohn spricht. Als habe es sie nie gegeben.

Außerdem, und dies sollte im Zusammenhang mit Gates und dessen bevölkerungspolitischen Aktivitäten niemals außer Acht gelassen werden, artikuliert sich im Vorgehen der Stiftung ein neomalthusisches Weltbild, in dem sich selbst ernannte Eliten anmaßen, zu entscheiden, wer sich fortpflanzen darf und wer nicht.

Nun belässt es das Ehepaar Gates aber nicht nur bei der Verhinderung von Schwangerschaften. Vielmehr gehören sie darüber hinaus zu den größten Förderern von Abtreibungen weltweit. Unterdessen macht die Gates-Stiftung aus ihrem Ziel keinen Hehl: »Millionen Frauen und Mädchen für Abtreibung zu gewinnen«[151].

Welchen Stellenwert dieses Thema in der Gates-Stiftung genießt, verdeutlicht ein Besuch von Bill Gates bei Donald Trump im Weißen Haus wenige Tage nach dessen Amtseinführung im Februar 2017. Der Grund ist einfach. Der frisch gewählte US-Präsident setzt am vierten Tag seiner Amtszeit die sogenannte »Global Gag Rule« ein, eine Vorschrift, die vorsieht, dass Pro-Abtreibungs-Organisationen kein Geld mehr von der US-Regierung erhalten. Das kann Gates nicht hinnehmen, also macht er sich auf den Weg nach 1600 Pennsylvania Ave NW, um beim neu gewählten Präsidenten zu intervenieren. Schließlich könnte eine solche Gesetzgebung der Pro-Abtreibungslobby solche Schwierigkeiten bereiten, dass »sogar eine Stiftung wie unsere dagegen machtlos wäre«[152].

Hierin gehört zudem, dass sich Bill Gates' langjähriger Freund und Geschäftspartner Warren Buffett bereits seit den 1960er-Jahren für die Abtreibungslobby engagiert. Motivation ist ihm die tief sitzende Furcht vor dem Zorn der Armen und Elenden in Anbetracht seines Reichtums.[153] Roger Lowenstein, der Verfasser einer Buffett-Biografie, schreibt dazu: »Er ist besessen von einer malthusianischen Angst vor der Überbevölkerung.«[154]

Buffett lässt sich diese Angst einiges kosten. Zwischen 1989 und 2012 investiert er nachweislich 1 300 000 000 Dollar in die Abtreibungslobby. Für die Jahre von 1997 bis 2000 sind keine Steuerunterlagen auffindbar, was aber nichts daran ändert, dass die tatsächliche Höhe seines Engagements in Sachen Schwangerschaftsabbruch aller Wahrscheinlichkeit nach noch darüber liegen dürfte.

Es ist kein Wunder, wenn die Buffett Foundation und die BMGF auch im Bereich Geburtenkontrolle und -verhinderung aufs Engste zusammenarbeiten. Schließlich sitzt Bill Gates bis zum Ausbruch der Covid-19-Krise im Aufsichtsrat der Warren-Buffett-Stiftung.[155]

Zu denen, die in den Genuss der Förderungen von Buffett und Gates kommen, gehört unter anderem ein früherer Partner von Buffett, der Arzt, Klinikbesitzer und Abtreibungsdienstleister Kermit Gosnell. Dieser wird 2013 in Pennsylvania wegen dreifachen Mor-

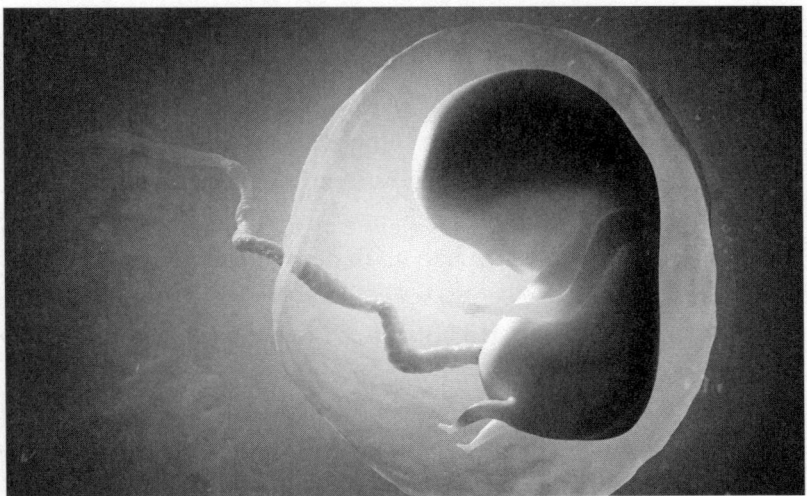

Abb. 67: Fötus im Mutterleib, 11.Woche

des zu lebenslanger Haft ohne Chance auf Bewährung verurteilt. Das Gericht sieht es als erwiesen an, dass Gosnell drei Neugeborene, die im Anschluss an misslungene Abtreibungen lebend zur Welt gekommen sind, getötet, also quasi nachträglich abgetrieben hat. Und zwar dadurch, dass er die Wirbelsäulen der Föten mit einer Schere durchtrennte.[156]

Heute existieren nur mehr tote Links, die die Zusammenarbeit zwischen den Stiftungen der beiden Superreichen und Gosnell bestätigen könnten. Fakt ist allerdings, dass Handlanger der beiden noch kurz vor der Mordanklage Gosnells Klinik aufgesucht und in Augenschein genommen haben. In dem Krankenhaus, das später vor Gericht als »House of Horror« bezeichnet wird, haben sie nichts zu beanstanden.[157]

Außerdem, und dies ist noch um einiges delikater, betreibt die Buffett-Stiftung politisches Lobbying für ein Abtreibungsrecht, das sich bis zur Geburt erstrecken soll und – darüber hinaus. So finanziert sie das »Guttman Institute«, eine Organisation, deren Dienstleistung darin besteht, entsprechende Argumentationen bereitzustellen. Das Institut operiert weltweit, unter anderem in Deutschland.[158] Daneben wird Buffetts Wohltätigkeit in erster Linie Lobbying-Gruppen wie »Planned Parenthood«, NARAL oder der »National Abortion Federation« zuteil. Aber auch katholische Gruppen wie »Catholic for a free Choice« erhalten Zuwendungen, sofern sie sich der Geburtenverhinderung verschrieben haben.

Diese Gruppen versuchen überall in den Vereinigten Staaten eine Rechtssituation herzustellen, wie sie heute bereits in Virginia existiert. Dort sind Abtreibungen bis zum 9. Monat und sogar noch nach der Geburt möglich.

Um das moralisch zu rechtfertigen, wird stets angeführt, dass Babys angeblich keinen Schmerz empfinden können, was mit unseriösen und schlampig durchgeführten Studien belegt werden soll. Und wenn das nichts hilft, wird schlicht behauptet, »dass es keine objektive Definition für Schmerz« gibt.[159]

Das reicht der Buffett Foundation aus, um über Marionettenorganisationen wie »Planned Parenthood« und das »Guttman Institute« Lobbying für Gesetze zu betreiben wie das grauenerregende »Partial Birth«-Gesetz in Kalifornien, das die Zerstückelung eines Kindes im Geburtskanal erlaubt.[160]

7.2 | Abtreibungen in Virginia

Verbleiben wir noch ein wenig in Virginia und betrachten die dort gültige Gesetzeslage zum Thema Abtreibungen, für die unter anderem die Buffett-Stiftung über die NARAL lobbyiert hat. Sie vermittelt einen recht guten Eindruck davon, wie es in Wirklichkeit um jene Humanität und Menschenliebe bestellt ist, die die Gläubigen und Priesterkaste der Kalifornischen Ideologie stets so eitel und stolz vor sich hertragen.

Das neue Abtreibungsgesetz in Virginia sieht zunächst die Abschaffung des früher obligaten Gespräches zwischen Arzt und werdender Mutter vor. Stattdessen sollen dem Abtreibungswunsch keine Steine mehr in den Weg gelegt werden. Dass dies durchaus wörtlich zu nehmen ist, geht aus einem Interview mit der Hauptinitiatorin der Abtreibungsgesetze in Virginia, der demokratischen Abgeordneten Kathy Tran, hervor. Darin antwortet sie auf die Frage, ob es in dem neuen Gesetz irgendeine rechtliche Einschränkung für Abtreibungen geben würde:»Nein, wir haben keine Limits (für legale Abtreibung) im Gesetz vorgesehen.«[161]

Also auch keine Fristenregelungen oder Ähnliches. Eine Abtreibung im 9. Monat ist erlaubt. Dies sogar nach dem Einsetzen der Wehen. Einen medizinischen Notfall, der es eventuell notwendig machen würde, das unmittelbar vor der Geburt stehende Kind zu töten, braucht es dafür nicht. Es genügt die Aussage der Mutter, dass das lebende Kind ihr Wohlbefinden in physischer oder psychischer Hinsicht einschränken würde.

Da stellt sich natürlich die Frage: Was passiert, wenn ein Schwangerschaftsabbruch nicht mehr möglich ist, da der Geburtsvorgang bereits eingeleitet ist und es dabei zu Komplikationen kommt? Darauf gibt der demokratische Gouverneur von Virginia, Ralph Northam, eine Antwort:»Das Kind wird geboren, das Neugeborene wird komfortabel behandelt, wenn nötig, wird es wiederbelebt, und dann können Mutter und Arzt die Abtreibung besprechen.«[162]

Einen Zeitrahmen zwischen dem Abtreibungsbeschluss nach der Geburt bis zur Tötung des Fötus sieht das neue Gesetz indes nicht vor. Das heißt, das bedauernswerte Wesen kann so lange am Leben gehalten werden wie gewünscht und gebraucht. Dabei ist es völlig rechtlos, schließlich existiert es offiziell gar nicht, da es gesetzlich abgetrieben worden ist. Hier eröffnen sich Dimensionen des Grauens, die wir bislang lediglich aus den Werken von Science-Fiction- oder Horrorautoren kannten. Allein sie sind schon heute Realität.

Die Vorstellung wird umso gruseliger, hält man sich eine weitere der neuen Gesetzesbestimmungen in Virginia vor Augen, nämlich jene, die verfügt, dass jede Institution, also nicht nur Kliniken oder einzelne Ärzte, Abtreibungen vornehmen darf. Besondere Kriterien sind keine zu erfüllen. Damit ist der ohnehin schon heikle Komplex Schwangerschaftsabbruch ideologisch aufgeladenen Stiftungen ausgeliefert, für die Gesundheitsvorsorge und Geburtenkontrolle im Zentrum ihrer Welt- und Menschenrettungsmission stehen.[163] Und die damit, wie wir oben gesehen haben, in einer überaus finsteren Tradition stehen.

Wer nun aber meint, die USA und Virginia seien weit weg und uns in Deutschland betreffe dies alles nicht, der irrt. Anfang 2019 kursiert im Netz für ein paar Tage ein Video vom Bundeskongress der Jungsozialisten, der Jugendorganisation der SPD, aus dem vorangegangenen Dezember. Darin zu sehen sind Redeausschnitte von Jusos zum Thema Spätabtreibungen. Im Mittelpunkt steht eine Delegierte, die sich als aufs Äußerste empört gegenüber einigen Vorrednerinnen inszeniert. Diese haben sich skeptisch hinsichtlich eines Schwangerschaftsabbruchs bis zum 9. Monat geäußert. »Uns wurde gerade gesagt«, hebt eben jene Delegierte nun zu ihrer Philippika an, »wir müssten für etwas einstehen. Ja! Für die Lebenden, für die Frauen, für die Selbstbestimmung und nicht für irgendwelche Ungeborenen.« Etwas später fährt sie fort: »Ja, im Ernst, […] ist doch gerade erklärt worden […] juristisch haben die [gemeint sind Föten, Anm. d. Verf.] vorher kein Recht. Und die Grundrechte und die Menschenrechte sind zuerst mal für die Frau und dann für alles andere […].«

Dass sich die Delegierte damit keinesfalls in der Minderheit innerhalb der Jungsozialisten befindet, lässt sich daran ersehen, dass die Forderung nach der völligen Aufhebung der §§ 218 und 219 angenommen wird.

Wenn es darum geht, die Freiheit einer Frau gegen das Recht eines Ungeborenen auf Leben in Stellung zu bringen, wird gerne das angebliche Argument herangezogen, dass Babys, egal ob im oder außerhalb des Mutterleibes, zwar menschliche Wesen seien, aber keine Personen. Als eine »Person« definieren die australischen Wissenschaftler Alberto Giublini und Francesca Minerva, die 2012 mit ihrem Eintreten für postnatale Abtreibungen international für Aufsehen sorgen, »ein Individuum, das fähig ist, seiner eigenen Existenz einen gewissen, (mindestens) rudimentären Wert zuzuschreiben; in dem Sinne, dass es für das Individuum einen Verlust bedeutet, dieser Existenz beraubt zu werden«. Babys fehlt in den ersten Tagen und Wochen nach der Geburt dieses »minimale Level an Selbst-Bewusstein«. Da unterscheidet es sich nicht vom Fötus im Mutterleib, der abgetrieben werden darf. Ebenso wenig wie dieser verfügt das Neugeborene über »die Eigenschaften, die es rechtfertigen, einem Individuum das Recht auf Leben zuzusprechen«[164].

Denken wir diesen Gedanken lieber nicht zu Ende. Mit derselben Argumentation ließe sich beispielsweise die Ermordung aller Komapatienten rechtfertigen oder all derer, die geistig so eingeschränkt sind, dass sie nur über ein vermindertes Selbst-Bewusstsein verfügen.

Man sieht schon, wohin das führt, nämlich letztlich zur Unterteilung zwischen erhaltenswertem und »unwertem« Leben. Und wo so etwas endet, wohin der Glaube einer Elite führt, die sich anmaßt, darüber zu entscheiden, wer leben darf und wer nicht, das zeigen die Geschichtsbücher. Außerdem haben wir uns bereits in den vorangegangenen Kapiteln damit beschäftigt, wie auch heute noch Menschen, vor allem Frauen, unter den Phantasmagorien von Bill Gates zu leiden haben.

Das freilich hält die kalifornische Glaubensgemeinschaft nicht davon ab, weiter auf diesem Weg voranzuschreiten. Sie können nicht anders. Als schwärmerische Spießbürger, die davon träumen, Herren der Welt zu sein, sind sie, wie ihre Vorgänger, immun gegen die Realität.

Dazu passt die neueste Ideenmode, nach der das Überleben der nächsten Generationen auf diesem Planeten dadurch gesichert werden soll, dass man auf diese eben verzichtet. Es ist kein Wunder, dass derartige intellektuelle Brillanz insbesondere in der bunten Berliner Republik eine Heimat findet. Hier verdient sich eine Autorin namens Verena Brunschweiger ihre ersten Belobigungen durch die Verlautbarungsorgane der Kalifornischen Ideologie, als sie verkündet: Kinder fügen dem Klima besonders großen Schaden zu und seien deshalb »das Schlimmste, was man der Umwelt antun kann«[165]. Die angeblich bevorstehende und tatsächlich herbeigeredete »Klimakatastrophe« eignet sich eben nicht nur zur Ausplünderung der Regierten durch die Regierenden, Stichwort: CO_2-Steuer, sondern zudem noch als Instrument zur Geburtenverhinderung.

Ein anderes Beispiel für die als Humanitas getarnte Menschenfeindschaft liefert die *taz* aus Berlin, eines der Kampfblätter des kalifornischen Weltstaates auf deutschem Boden. In einem kleinen Stück unter der Überschrift »Es gibt kein ›ungeborenes Leben‹« über die Medizinhistorikerin Barbara Duden erklärt eben diese unter anderem: »Das Selbstbestimmungsrecht der Frau auszuspielen gegen ein Lebensrecht des Fötus, das unterwerfe Frauen, weil diese sowieso nichts bestimmen in unserer Gesellschaft.«[166] Mutter und Kind sollen nicht mehr als Einheit verstanden werden, sondern in ihrer Dualität zueinander.

Was daraus spricht, das ist der Wunsch nach Auflösung der Verbindung zwischen Mutter und Kind. Es gilt, die Macht familiärer Bande zu brechen, denn nichts kann die kalifornische Priesterkaste weniger gebrauchen als funktionierende Familien. Nachdem die Figur des Vaters bereits nachhaltig beschädigt ist, ist jetzt die Mutter dran. Wie das laufen soll, ist klar. Frauen, die sich zu ihrer Mutterschaft bekennen, werden verhöhnt, bemitleidet, beleidigt und mit dem »Mutterkreuz« und einer NS-Gesinnung in Verbindung gebracht.

Sie alle, die Jusos, die gebärstreikenden Klimaretterinnen und die Historikerin Duden, handeln ganz im Sinne des Microsoft-Gründers, der, wie wir gesehen haben, jede Maßnahme begrüßt, die das Wachstum der Weltbevölkerung bremst oder, wenn möglich, umkehrt. Und wenn das freiwillig geht, umso besser.

Allerdings stellt sich mit Blick auf Bill Gates' Abtreibungslobbyismus die Frage, warum er sich derart intensiv für die völlige Freigabe von Schwangerschaftsabbrüchen engagiert. Gesinnungsgründe, die sicherlich eine wichtige Rolle spielen, rechtfertigen aber den Aufwand nicht. Schließlich ist das Thema Schwangerschaftsabbruch eher ein Nischenthema, ein heikles überdies, bei dem es mehr zu verlieren als zu gewinnen gibt. Zudem sind Abtreibungen kein Mittel, um ernsthaft Bevölkerungspolitik im globalen Maßstab zu betreiben. Heimliche Sterilisationen im Rahmen groß angelegter Impfkampagnen eignen sich da weitaus besser. Keiner ist sich mehr darüber im Klaren als Gates, der in Afrika ja bereits erste Erfahrungen diesbezüglich gesammelt hat (siehe oben). Warum setzt sich der Microsoft-Gründer dennoch so sehr dafür ein, die Abtreibungsgesetze weltweit zu liberalisieren?

Die Antwort auf diese Frage lässt sich in einem Wort zusammenfassen: Adrenochrom.

7.3 | Adrenochrom und Anti-Aging

Allein 2020 wird der Gesamtumsatz der Anti-Aging-Industrie 56 000 000 000 Dollar betragen.[167] Zum Vergleich: In derselben Zeit werden sich die Einnahmen der Filmindustrie weltweit auf 42 000 000 000 Dollar belaufen.[168]

Man kann sich vorstellen, wie groß der Erwartungsdruck ist, der auf den Anbietern lastet. Immer neue Innovationen müssen her, dafür werden Labore und Institute eingerichtet, in denen unter Ausschluss der Öffentlichkeit geforscht wird.

Heutzutage sind laut OECD-Untersuchungen über 70 Prozent der Forschungsinstitute privat.[169] Dies ist deshalb problematisch, weil bei öffentlicher universitärer Forschung die Ergebnisse durch Vorlesungen und/oder Publikationen nahezu automatisch öffentlich zugänglich werden. Bei privater Forschung ist das hingegen grundsätzlich anders. Diese Institute forschen hinter verschlossenen Türen und unter größter Geheimhaltung. Noch nicht einmal das, was da von privater Seite erforscht wird, ist der Allgemeinheit zugänglich. Bei der Gentechnik oder der Stammzellenforschung, also Forschungen, die

Abb. 68: Kim Kardashian posiert mit blutverschmiertem Gesicht auf Twitter.

uns alle – und zwar über die Existenz als Konsument oder Bürger hinaus – als Menschen betreffen, ist diese Geheimhaltung besonders beängstigend. Sie gibt Anlass zu Spekulationen, und die dürften nicht ganz ungerechtfertigt sein.

Im Geschäft mit der ewigen Jugend nimmt das Blut junger Menschen eine zentrale Rolle ein.[170] Kein Wunder, wenn man weiß, dass ein Jungbrunnen-Cocktail, zu dessen Ingredienzen unter anderem der Lebenssaft junger Menschen gehört, erst ab einem Mindestpreis von 8000 Dollar erhältlich ist – nach oben hin gibt es keine Begrenzung.[171]

Diese unerhörten Summen und das damit verbundene Image der Anti-Aging-Industrie und ihrer Produkte als schrille Lifestyle-Spinnereien einiger Jetset-Neureicher sind aber nur die eine Seite einer Bewegung, die sich den Kampf gegen das Altern auf die Fahnen geschrieben hat. Die andere agiert eher im Dunkeln, wo die, die dazugehören, vor allem die Hohepriester der Kalifornischen Ideologie, nach ewiger Jugend gieren.

Das führt uns zum Adrenochrom, einem – laut *Wikipedia* – »Stoffwechselprodukt des Adrenalins«. Es ist »an der Bildung des Hautpigments Melanozyten beteiligt« und wurde »1952 im Zuge klinischer Studien zum Verständnis der Schizophrenie und deren Behandlung näher untersucht«.[172]

Im Zuge dieser Forschungen kristallisieren sich zwei unterschiedliche Schwerpunkte heraus. Der eine liegt auf der halluzinogenen Wirkung des Stoffes, der andere beschäftigt sich mit der Rolle, die das Stoffwechselprodukt bei der Entstehung von degenerativen Hirnerkrankungen wie etwa Parkinson oder Schizophrenie spielt.[173]

Was das psychoaktive Potenzial von Adrenochrom anbetrifft, so ist es nach offiziell gültiger Faktenlage nicht imstande, Halluzinationen oder Visionen auszulösen. Überflüssig zu erwähnen, dass die Wirklichkeit anders aussieht. Zahlreiche Selbstversuche und klinische Studien beweisen entsprechende Effekte zur Genüge.[174]

Uns soll Adrenochrom jedoch nicht als potenzielles Rauschmittel interessieren, sondern als angebliches Wundermittel beim Thema Anti-Aging. Um das zu verstehen, müssen wir uns zunächst damit beschäftigen, was es mit Adrenochrom eigentlich auf sich hat.

Wie bereits erwähnt, handelt es sich bei Adrenochrom um ein Stoffwechselprodukt des Adrenalins. Das heißt, bevor es entstehen kann, muss in einem Körper Adrenalin ausgeschüttet werden, was wiederum in der Regel eine Folge von Stress, Angst und Schmerzen ist. Dabei gilt: je größer der Stress, die Angst und die Schmerzen, des-

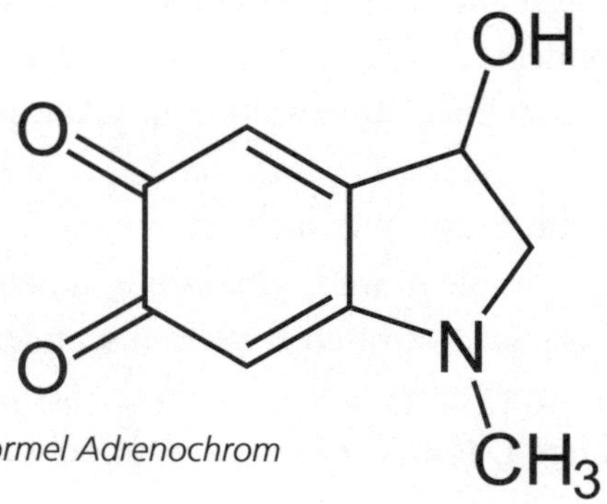

Abb. 69: Strukturformel Adrenochrom

to mehr Adrenalin, das anschließend zu Adrenochrom umgewandelt werden kann. Mittlerweile ist es zwar möglich, das Hormon mithilfe von Silberionen künstlich herzustellen.[175] Nur ist diese Art der Gewinnung um einiges teurer und außerdem: Wer will schon den Ersatz, wenn er das Original haben kann?

Ungeachtet dessen geht es nicht um das Adrenochrom selbst. Dieses ist in seiner isolierten Form, vor allem wenn es synthetisch ist, sogar gefährlich für den menschlichen Metabolismus. Bei Erwachsenen ist der Zusammenhang zwischen Adrenochrom und Schizophrenie sowie Parkinson belegt. Stattdessen geht es um die Hormonreaktion eines Körpers auf Adrenochrom. Und die unterscheidet sich zwischen Kindern vor der Geschlechtsreife und Menschen, die im Herbst ihres Lebens angekommen sind, ganz erheblich.

Dies lässt sich bereits daraus schließen, dass sehr junge Menschen praktisch nie an Schizophrenie erkranken.[176] Daraus folgt, dass der Ausstoß von Adrenochrom bei ihnen nicht dieselbe Wirkung hat, wie bei älteren Menschen. Und tatsächlich ist bekannt, dass sich im Blut junger Menschen Inhaltsstoffe befinden, die verhindern, dass sich die zerstörerischen Auswirkungen des Stoffwechselprodukts entfalten können.[177]

Der Grund dafür könnte darin liegen, dass Kinder vor der Pubertät weitaus stressresistenter sind als danach. In ihrem Blut befindet sich ein anderer Hormonmix als in dem der Erwachsenen, was, wie gesagt, die Wirkungsweise entscheidend verändert. Erst dadurch wird das Adrenochrom junger Menschen zu dem Jungbrunnen, als den es die Eingeweihten handeln. Es soll imstande sein, degenerative Vorgänge wie Parkinson und Zelloxidation, mithin das Altern schlechthin aufzuhalten.

Da stellt sich die Frage, wie man an diesen überaus wertvollen Rohstoff gelangt. Vor allem, wenn man weiß, dass Adrenochrom einerseits an der Luft äußerst rasch zerfällt und andererseits aufgrund der fragilen Natur des Stoffes sehr schnell nach seiner Entstehung geerntet werden muss. Das macht es wiederum notwendig, die Organe mit der höchsten Konzentration an Adrenochrom möglichst schnell chirurgisch zu entfernen: Nebennieren, Teile des Hypothalamus und andere nicht weniger wichtige Körperteile.

Fügt man all die Informationen zusammen, drängt sich ein gleichermaßen grausiges wie eindeutiges Bild auf. Nämlich das eines Folterkellers in Form eines Operationssaales, in dem jüngste und junge Menschen zuerst gepeinigt und zu Tode geängstigt und anschließend ob ihrer nun mit Adrenochrom gesättigten Organe umgebracht und ausgeweidet werden. Das Ganze organisiert von einer Industrie, die keine ethischen Grenzen kennt, einer Wissenschaft, die hinter verschlossenen Türen forscht und ebenfalls keinem moralischen Kodex unterworfen ist, sowie einer zahlungskräftigen Kundschaft, deren Götterkomplex nach ewiger Jugend und ewigem Leben lechzt.

Das ist es, worum es den Hohepriestern der Kalifornischen Ideologie geht: das junge Blut – Elixier des Lebens.[178] Es macht ewige Jugend und Unsterblichkeit möglich. Allerdings nicht, um das Leben als eine willkürliche Abfolge von Lustbarkeiten ins Unendliche fortzuführen. Stattdessen ist es für Menschen wie Bill Gates moralische Pflicht weiterzuleben. Sein Sendungsbewusstsein, verbunden mit seiner Kontrollwut, gestattet es ihm nicht, die Möglichkeit einer Welt, die ohne Bill Gates zum Heil findet, auch nur in Erwägung zu ziehen. Immer wieder betont er in Interviews, dass sein größter Albtraum darin besteht, dass sein Gehirn aufhören könnte zu arbeiten.[179]

7.4 | Gates, Epstein, Báthory

Der Wunsch nach einem ewigen Leben in jugendlicher Schönheit und Vitalität ist nicht neu. Er ist gewissermaßen so alt wie das Menschengeschlecht selbst. Von Dschingis Khan bis Stalin, in jeder Epoche finden sich Herrscher und Spinner, nicht selten in Personalunion, die in ihrem Streben nach Unsterblichkeit jedes Maß verlieren. Eine der bekanntesten unter ihnen ist die ungarische Adelige Elizabeth

Abb. 70:
Elizabeth Báthory

Báthory, die im 16. Jahrhundert nach eigenen Angaben 650 Jungfrauen getötet haben will, um in deren Blut zu baden.[180]

Das Beispiel Báthorys demonstriert, wohin das Verlangen nach ewiger Jugend führen kann, sofern unbegrenzte finanzielle Mittel zur Verfügung stehen und eine Machtposition jeden Widerstand unmöglich macht. Wobei die Rolle der früheren Fürsten heute dem Adel des neuen digitalen Feudalismus zufällt. Die sehen zwar nicht so aus wie Aristokraten, verfügen aber über einen noch ausgeprägteren Standesdünkel und scheinen genauso wie ihre Vorgänger über dem Recht zu stehen.

Zu dieser Elite gehört bis zum Sommer 2019 auch Jeffrey Epstein, der aus dem Umfeld von Warren Buffett stammt und sich offiziell als Börsenspekulant von der Wall Street bezeichnet. Aber das ist nur Fassade. Tatsächlich organisiert er für die digitale Aristokratie Kinder, vor allem Mädchen, die Epsteins Freunden, Bekannten und Kunden zwecks Befriedigung sexueller Wünsche zur Verfügung zu stehen haben. Dazu verwandelt er seine New Yorker Villa in einen Kontakthof, den Freunde »House of Horror« nennen[181] und in dem sich ein bizarres Exponat an das nächste reiht. So ist von der lebensgroßen

Abb. 71:
Gemälde
in Epstein-
Villa

Skulptur eines nackten afrikanischen Stammeskriegers die Rede und von Sexpuppen, die von der Decke hängen; die Wände sind mit viel Nacktheit geschmückt; überall hängen Fotografien von jungen nackten Mädchen in lasziven Stellungen.[182]

Außerdem gibt es Gemälde. Sie zeigen Freunde von Epstein, wie zum Beispiel den saudischen Kronprinzen oder den ehemaligen Präsidenten der Vereinigten Staaten und guten Freund von Bill Gates, Bill Clinton. Letzteren allerdings in lasziver Pose in ein blaues Cocktailkleid gewandet und mit High Heels an den Füßen.

Epsteins New Yorker Villa ist nicht der einzige Ort, an dem die organisierten und gut bezahlten Vergewaltigungen von Minderjährigen stattfinden. Der angebliche Börsenspekulant besitzt darüber hinaus noch zwei Privatinseln auf den Virgin Islands. Hier finden regelmäßig Partys statt, bei denen Pädophilie noch die harmloseste Vergnügung darstellt.[183] Eingeflogen wird die illustre Gästeschar unter anderem mit Epsteins Privatmaschine namens »Lolita Express«.

Laut der New Yorker Staatsanwaltschaft ist diese »Vergnügungsinsel« nur ein Teil von Epsteins Unternehmungen und beileibe nicht der lukrativste. Epsteins Haupteinkommensquelle ist vielmehr der

Kinderhandel, und damit scheffelt er Milliardensummen.[184] Die Ver-gewaltigungsorgien auf den Jungferninseln sind eher als Marketing-maßnahme zu verstehen, als Instrument zur Imagepflege und Kun-denbindung. Vergleichbar mit einem Weinhändler, der besonders privilegierte Kunden nach Ladenschluss zur Verkostung ganz erlese-ner Tropfen lädt, die nur ihnen vorbehalten sind und gar nicht erst in den Verkauf kommen.

Zu den mehrfachen, fast schon regelmäßigen Gästen bei diesen »Verkostungen« in der Karibik zählt der ehemalige Präsident der Vereinigten Staaten Bill Clinton. Ob er sich dort ähnlich frivol in Öl hat malen lassen wie in New York, ist unbekannt. Bekannt ist aber, dass Epstein im Gegenzug mehrfach ins Weiße Haus eingeladen wur-de.[185] Das Ausmaß dieser Verwicklungen kann zum jetzigen Zeit-punkt noch nicht genau bestimmt werden, da die wesentlichen Do-kumente aus Epsteins Archiven der Öffentlichkeit nicht zugänglich gemacht werden. Einerseits berufen sich die Behörden darauf, dass es sich dabei um sensitive Daten einer laufenden Ermittlung handelt. Andererseits darauf, dass die großen Medienhäuser, die die personel-len und finanziellen Ressourcen dazu hätten, sich selbst eine Schwei-geverpflichtung auferlegt hätten.

Diese an die Omerta gemahnenden Praktiken werden insbesonde-re im Fall Amy Robach deutlich, die praktisch vor laufender Kamera von ihrem Sender ABC gekündigt wird, als sie ihrer journalistischen Pflicht nachkommt und das Systemversagen der Medien in dem Fall öffentlich thematisiert.[186] Diese Gepflogenheiten erinnern an das Vorgehen kommunistischer Staaten Osteuropas Ende des letzten Jahrhunderts. Dessen ungeachtet liegt es auf Hand, warum ABC so rigoros durchgreift. Es gilt hier wie auch im normalen Leben: Eine Krähe hackt der anderen kein Auge aus.

Bill Clinton ist es auch, der Jeffrey Epstein und Bill Gates miteinan-der in Kontakt bringt. Der Microsoft-Gründer trifft sich mehrfach mit dem menschenhandelnden Börsenspekulanten und weiß über ihn zu sagen: »Sein Lebensstil ist einzigartig und faszinierend.«[187]

Epsteins Kinder- und Mädchenhändlerring existiert viele Jahre, wenn nicht Jahrzehnte, bevor er endlich im Sommer 2019 zerschlagen wird. Da stellt sich die Frage nach dem Warum. Warum wird er überhaupt verhaftet und angeklagt, wenn doch Amerikas mächtigste Personen direkte Nutznießer seiner Kinderhändlerpraxis sind? Und warum fällt er ausgerechnet jetzt bei jenen in Ungnade, die jahrzehntelang geschwiegen und ihre schützende Hand über den Zuhälter der Aristokratie der Kalifornischen Ideologie gehalten haben?

Die Antwort ist so simpel wie banal. Jeffrey Epstein wird nicht mehr benötigt.

Bevor wir darauf zu sprechen kommen, noch einmal zu Epstein selbst, der nach seiner Verhaftung eine Gefahr für sehr viele, sehr reiche und sehr mächtige Menschen darstellt. Ein großer, spektakulärer Prozess droht. Offiziell ist es schließlich ein Selbstmord, der ihn mundtot macht. Zweifel daran sind mehr als berechtigt angesichts der Zufälle, die Epsteins angeblichen Suizid begleiten. Zu dem Zeitpunkt, an dem sich der Kinderhändler in seiner Zelle erhängt haben soll, sind alle Blockwächter gleichzeitig abwesend, außerdem fallen die für die Causa relevanten Überwachungskameras aus,[188] sodass Epstein unbewacht und ungestört zur Tat schreiten kann.

So jedenfalls lautet die offizielle Darstellung der Ereignisse, und sie wird nicht weiter hinterfragt. Vor allem die Verlautbarungsorgane im Musterland der Kalifornischen Ideologie, in der bunten Republik Deutschland, halten sich daran. Hier genügt bereits der Hinweis auf das Offensichtliche, nämlich die Existenz eines Netzwerkes, deren Mitglieder nicht nur dachten, sie stünden über jedem Gesetz, sondern tatsächlich auch so handeln, um aus der Gemeinschaft der Guten und Wohlglaubenden ausgeschlossen zu werden.

Es ist dieser Cocktail aus Machtfülle, der Gier nach ewigem Leben und der Gewissheit, über jeder Moral zu stehen, der den britischen *Guardian* zu der Frage veranlasste: »Ist die Suche des Silicon Valley nach Unsterblichkeit ein Schicksal, das schlimmer ist als der Tod?«[189]

7.5 | Adrenochrom und ungeborene Babys – Stammzellenforschung

Oben ist bereits angedeutet worden, dass die kalifornische Aristokratie ihren Zuhälter und Menschenhändler fallen gelassen hat, weil sie ihn nicht mehr braucht. Er, der sie stets zuverlässig mit Frischfleisch, aber vor allem mit jungem Blut versorgt hat, ist schlicht überflüssig geworden.

Der Grund dafür ist die Stammzellenforschung. Die Verwendung von Stammzellen gehört zu den neuesten Entwicklungen bei jenen Wissenschaftlern, die sich mit der Unsterblichkeit befassen.[190]

Als Stammzellen werden laut Internetenzyklopädie »allgemein Körperzellen bezeichnet, die sich in verschiedene Zelltypen oder Gewebe ausdifferenzieren können. Je nach Art der Stammzelle und ihrer Beeinflussung haben sie das Potenzial, sich in jegliches Gewebe (embryonale Stammzellen) oder in bestimmte festgelegte Gewebetypen (adulte Stammzellen) zu entwickeln.«[191]

Die positiven Ergebnisse, die ihr Einsatz in der Medizin zeitigt, sind seit Jahrzehnten bekannt. So kommen blutbildende Stammzellen des Knochenmarks seit mehr als 40 Jahren in der Behandlung von Leukämie und von Lymphomen zum Einsatz.

Und auch in der Anti-Aging-Industrie sind die positiven Eigenschaften der Stammzellen schon länger bekannt. Entsprechende Kuren und Therapien gehören in Kalifornien inzwischen zur Routine, natürlich nur für eine ausgesucht prestigeträchtige und zahlungskräftige Kundschaft wie Top-Athleten, Celebrities oder Milliardäre.[192] Da ist es nicht allzu verwunderlich, wenn diese Therapien im Golden State nur minimaler Gesetzeskontrolle unterliegen. Die in Permanenz pubertierenden Milliardäre des Silicon Valley lassen sich gewiss nicht von irgendwelchen dahergelaufenen Volksvertretern und deren Gesetzen in ihrem Streben nach ewiger Jugend aufhalten und üben massiven Druck aus auf die Politik.[193]

Aber noch nicht einmal das Laissez-faire in ihrem Stammland reicht den Hohepriestern der Kalifornischen Ideologie aus, weshalb sie in Länder wie Panama oder in die Ukraine ausweichen, wo überhaupt keine rechtlichen Beschränkungen existieren.[194] Geforscht wird im Dunkeln, nur gelegentlich dringt eine Nachricht durch die ansonsten fest verschlossenen Geheimtüren, die Aufschluss gibt, woran in den Geheimlaboren geforscht wird: »Use of Fetal Stem Cells for Anti-Aging and Rejuvenation Therapy«[195]. Übersetzt bedeutet dies so viel wie »Verwendung fetaler Stammzellen zur Anti-Aging- und Verjüngungstherapie« und zeigt deutlich, warum die Hohepriester kalifornischer Gesinnung, die nach Unsterblichkeit gieren, Epstein nicht mehr benötigen.

In der Regel werden die begehrten Zellen aus der Plazenta und der Nabelschnur gewonnen. Die besten Resultate sind allerdings mit Stammzellen aus Föten zu erzielen beziehungsweise mit solchen, die im Blut von ungeborenen Babys zu finden sind. Allerdings ist der kalifornischen Aristokratie bis vor Kurzem noch der Zugang zur wichtigsten Rohstoffquelle, nämlich den Leibern der abgetriebenen Föten und Babys, versperrt gewesen. Das ist gerade im Begriff, sich zu ändern. Die Zukunft des Jungbrunnens liegt nicht mehr in der Folter von Kindern und der anschließenden Ernte von Unsterblichkeitshormonen aus deren Blut, sondern man ist der Quelle noch einen Schritt näher gekommen.

Den Weg freigemacht hat die Politik. Seit Februar, wir haben es gesehen, ist in Virginia der Schwangerschaftsabbruch nach der Geburt erlaubt. In Kalifornien wird an einem solchen Gesetz gearbeitet.[196] Natürlich segelt man dabei stets unter der Fahne absoluter Menschlichkeit. Schließlich »gibt es kein ungeborenes Leben«, dafür aber den Feminismus und das bedingungslose Recht der Frau auf Abtreibung.[197] Der Schutz des Lebens ist diesen Menschen hingegen keinen Gedanken wert.

Erinnern wir uns an die rechtliche Situation in Virginia, wo Kleinstkinder, die abgetrieben werden sollten, wiederbelebt werden, nur um anschließend darüber zu beraten, wie man sie nachträglich tötet. Diese Kinder existieren nicht. Sie haben keine Rechte. Der gesetzliche Status des Menschseins fehlt ihnen. Mit ihnen kann man machen, was man will. Dadurch ist es den Hohepriestern der Kalifornischen Ideologie nun möglich, geborene, aber offiziell nicht existente Babys als lebende Petrischalen zu verwenden.

Mahatma Gandhi sagt: »Der Zustand einer Gesellschaft lässt sich daran ablesen, wie sehr sie imstande ist, die Schwächsten zu schützen.« So gesehen stehen die Gesellschaften des modernen Westens vor einem Desaster.

Schöne neue kalifornische Welt!

8 | Nanomaschinen

In Wirklichkeit erkennen wir nichts.
Denn die Wahrheit liegt in der Tiefe.
(Demokrit, *Fragment 117*)

Doch noch ist es nicht so weit, noch fehlt etwas, damit die Welt so ist, wie Bill Gates und seine Mitstreiter sie sich wünschen. Es gilt, eine Lösung für die Menschen zu finden, dafür, wie sie kontrolliert und ausgerichtet werden können, je nachdem, wie es gerade gewünscht ist. Dies ist von existenzieller Wichtigkeit, denn die tolerante und vielfältige Glaubensgemeinschaft verlangt – wie alle totalitären und menschenverachtenden Weltanschauungen – nach ideologischer Hygiene. Nicht etwa der freie, kritische Bürger verkörpert für sie den Idealtypus des Staatsbürgers, sondern der Untertan, der über keine Meinung mehr verfügt, den Nacken beugt und jederzeit bereit ist, den Gesslerhut nicht nur zu grüßen, sondern sich voller Lust vor ihm zu erniedrigen.

Betrachtet man nur das Justemilieu, so scheinen die Kalifornier dort schon ganze Arbeit geleistet zu haben. Untertanen-Gemüter, wohin man blickt, nicht selten in terroristischer Ausformung. Doch wie lässt sich das für die gesamte Gesellschaft erreichen? Und wie gelingt es darüber hinaus, die Kontrolle über die Menschen zu *behalten*, und zwar über jeden einzelnen?

8.1 | Angriff auf das Individuum

Es ist nicht besonders überraschend, wenn aus Sicht von Bill Gates die Antwort auf die Fragen lautet: durch Impfungen.

Wie das funktioniert, haben wir bereits am Beispiel der digitalen Identität gezeigt. Der im Zuge einer Impfung subkutan installierte, jederzeit auslesbare persönliche Farbcode, der alle Eckdaten einer Existenz sowie Kranken- oder Impfgeschichten beinhaltet, ist aber nur ein erster Schritt. Er bereitet das Feld für das, was danach kommen soll, die Nanomaschinen. Diese sind nicht stationär implantiert,

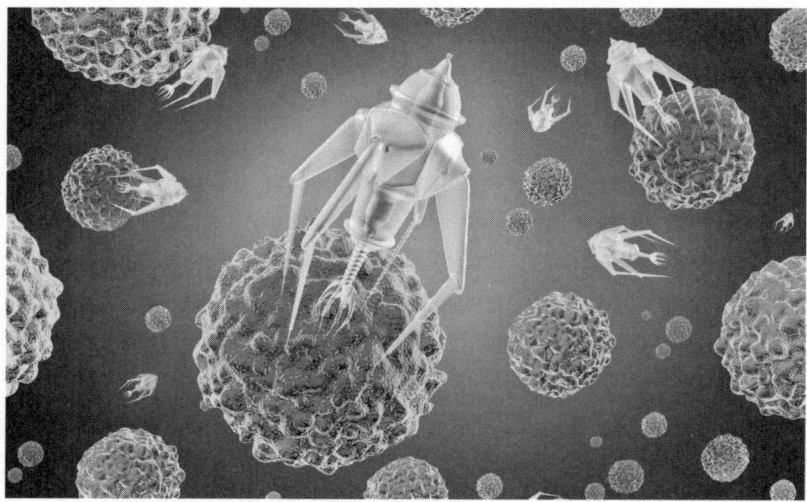

Abb. 72: Nanoroboter sollen künftig auch dazu in der Lage sein, Krebszellen zu eliminieren.

sondern durchwandern den Körper und stehen dabei unablässig in Kontakt mit dem Farbcode. Farbcode und Nanomaschinen bilden die beiden Backen einer Zange, zwischen denen der Mensch Gefahr läuft, als Individuum ausgelöscht zu werden – und zwar endgültig.

Damit weitet sich der Angriff von Bill Gates und der kalifornischen Priesterschaft auf die Demokratie zu einem Angriff auf das Menschsein aus, so wie wir es bis jetzt gekannt haben.

Wer das für übertrieben oder verschwörungstheoretisch hält, sei zum einen daran erinnert, dass es sich bei der »Menschheit« und deren Errettung um eine zentrale Denkfigur in der kalifornischen Vorstellungswelt handelt. Darunter macht es diese Glaubensgemeinschaft nicht. Die Absichten der digitalen Aristokratie kennen keine Grenzen, sie zielen ins Globale, haben die ganze Welt und die gesamte Menschheit im Visier. Daher ist es nur folgerichtig und keineswegs übertrieben, sie an ihren eigenen Maßstäben zu messen und ihre Ideologie und Machenschaften als globale und alle Menschen betreffende Bedrohungen zu erkennen.

Und was zum anderen das Verschwörungstheoretische anbetrifft, so sollte spätestens seit 2013 – seit den Enthüllungen von Edward Snowden über die weltweiten Abhöraktivitäten der NSA – klar sein, dass man mit diesem Begriff vorsichtig sein sollte. In einer Welt, in der gerade die dystopischen Fantasien eines narzisstischen Kontroll-Freaks Realität werden, sind Wahn und Wirklichkeit untrennbar miteinander verschmolzen. Wer will da schon urteilen und unterscheiden, was wohin gehört? Gewiss nicht die kalifornischen Sektierer, die Gesinnungshygieniker des 21. Jahrhunderts.

Doch zurück zu dem teuflischen Duo, bestehend aus Farbcode und Nanomaschinen. Sie sind eine reale und existenzielle Gefahr für die Individualität und die Persönlichkeit eines jeden Einzelnen. Natürlich wird man für die Injektion gesundheitliche Gründe vorschieben. Die Bekämpfung eines Virus würde sich eignen, da könnte man spätestens seit Corona auf eine gewisse Expertise zurückgreifen. Aber vielleicht braucht es gar kein künstlich erzeugtes Szenario, vielleicht reicht ja einfach ein »Impf-Update«, das die Leute für eine Vakzination »motivieren« soll.

Was immer es auch sein wird, letztendlich führt alles auf die Frage hinaus: Bürger oder Ameise? Eine andere Wahl wird es nicht geben, wenn es Bill Gates gelingen sollte, seinen Impfwahn international zum Maß aller Dinge zu machen. Dass ihm das helle und bunte Deutschland dabei keine Steine in den Weg legen wird, liegt auf der Hand. Als Musterschüler übererfüllt man stets den Plan. Darin hat Angela Merkel schließlich Erfahrung.

8.2 | Was sind Nanomaschinen?

Sie ist eine der Zukunftstechnologien schlechthin, die Nanotechnologie. Es handelt sich dabei, prinzipiell gesagt, um eine Fortsetzung und Erweiterung der Mikrotechnik. Der Begriff »Nano« stammt aus dem Griechischen und bedeutet »Zwerg«, und die Maßeinheit, die danach benannt ist, macht ihrem Namen alle Ehre. Ein Nanometer ist um den Faktor 1000 kleiner als ein Mikrometer – oder anders gesagt: Ein Nanometer ist der millionste Teil eines Millimeters beziehungsweise der milliardste Teil eines Meters. Nanopartikel sind so winzig, dass sie mit bloßem Auge nicht zu sehen sind; gebräuchliche Mikroskope reichen dazu ebenfalls nicht aus. Vielmehr benötigt man spezielle Apparate wie Elektronen- oder Rastersondenmikroskope, um sie erkennen zu können.[198] Der Nanobereich stellt einen Grenzbereich mit speziellen Eigenschaften dar, die der Mensch sich inzwischen zunutze zu machen versteht. So kommen Nanostrukturen heute schon in der Cluster-, Halbleiter- und Oberflächenphysik zum Einsatz, außerdem in der Chemie, in bestimmten Bereichen des Maschinenbaus, der Luft- und Raumfahrt- sowie Lebensmitteltechnologie, Stichwort: Nanofood.

Und das ist erst der Anfang. Die Nanotechnologie hat das Zeug, unser aller Alltag von Grund auf zu revolutionieren. Beispielsweise durch neue Materialien, die unsere Umwelt umgestalten werden. Sie werden

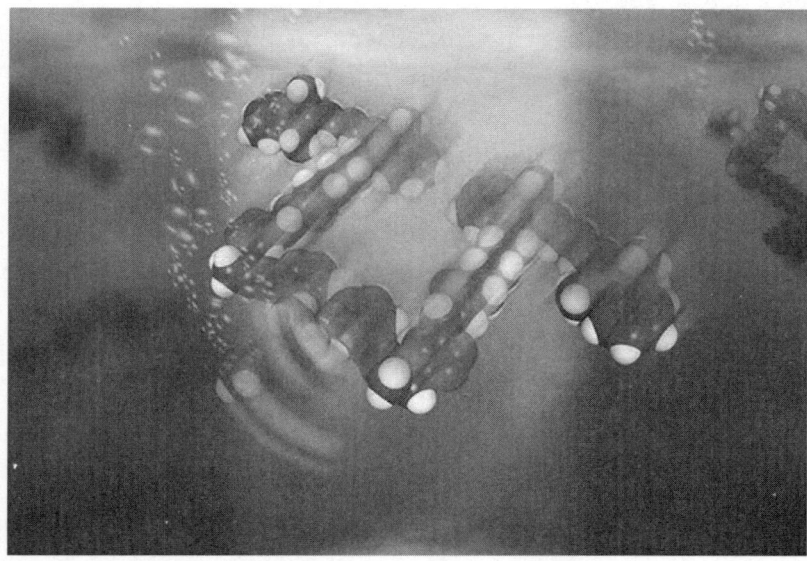

Abb. 73: Dieses Nano-U-Boot besteht aus nur 244 Atomen

unzerstörbar, gleichzeitig federleicht sowie biologisch abbaubar sein und über besondere »Fähigkeiten« verfügen. Neben Materialien und deren Oberflächenstrukturen beschäftigt die Wissenschaftler seit mehr als einem Jahrzehnt die Entwicklung von Antriebstechnologien und Motoren im Nanobereich. Wie weit sie dabei bereits vorangeschritten sind, demonstrieren Miniaturmaschinen wie Nanoautos, winkende Nanoroboter aus DNA und Elektromotoren, die aus nur einem einzigen Molekül bestehen. Sogar U-Boote und Raketen im Nanobereich existieren; die einen werden angetrieben mit UV-Strahlung, die anderen mit Wasserstoffperoxid oder Harnstoff.

Viele dieser Nanotransportmittel basieren auf komplexen Proteinen und Nukleinsäuren und können sich – gespeist aus chemischer Energie – zielgerichtet bewegen.[199] In diesem Zusammenhang sei ein 30 Nanometer großes Nanoeinrad aus DNA erwähnt, das Bonner Forscher konstruiert haben und das sich auf eine neuartige Weise fortbewegt. Zwei ringförmige DNA-Strukturen greifen wie bei einer Kette ineinander. »Der eine Ring erfüllt die Funktion eines Rades, der andere treibt es wie ein Motor mithilfe von chemischer Energie an«, erklärt Michael Famulok, einer der Wissenschaftler, die am Bau des Einrads beteiligt waren.[200] Dabei erschafft das Einrad die Energie, die es braucht, um sich fortzubewegen, selbst. Es nutzt dabei die Energie, die das Synthetisieren eines RNS-Strangs anhand der DNS-Ringsequenz freisetzt. Dies nicht genug, eignet sich der entstehende RNA-Strang als eine Art Steuerruder, mit dem das Einrad dorthin gelenkt werden kann, wo es hinsoll. Mithin weiß das Einrad auf Hindernisse oder Weggabelungen zu reagieren, und zwar derart, wie es die Entwickler vorgesehen haben.[201]

In Anbetracht solcher scheinbar unendlichen Möglichkeiten versteht es sich von selbst, dass Nanomaschinen auch im Gesundheitsbereich eine zunehmend wichtige Rolle spielen. Die Idee dahinter: Transporter zu konstruieren, die nur wenige Moleküle groß sind und in unserem Körper gezielt Medikamente an ihren Wirkungsort bringen.[202]

Wie das funktioniert, veranschaulicht ein Fall aus der AIDS-Forschung. Hier ist man zu der Erkenntnis gelangt, dass Nanomaschinen imstande sind, weitaus schneller und sicherer HIV-Antikörper im Blut und damit eine AIDS-Infektion festzustellen als die bislang angewendeten Methoden. Bei dem neuen Verfahren suchen die DNA-basierten Nanomaschinen nach speziellen HIV-Antikörpern und heften sich an diese an. Im Verlauf dieses Vorgangs entsteht ein Lichtimpuls, den man registrieren kann. Bei dieser Art von Test hat man binnen 5 Minuten Gewissheit und muss nicht wie bislang quälend lange Stunden auf das Ergebnis warten.[203]

Denkt man dies weiter, ist man schnell bei mikroskopisch kleinen Robotern, die, ausgestattet mit chirurgischen Instrumenten, die Ursache von Krankheiten lokalisieren und beseitigen – zum Beispiel Plaques in Arterien oder jene Proteinablagerungen im Gehirn, die als Auslöser der Alzheimerkrankheit gelten.[204] Oder bei langfristigen Therapien, bei denen Patienten über Monate, wenn nicht Jahre und Jahrzehnte hinweg durch Nanomaschinen mit Medikamenten versorgt werden, ohne dass sie sich darum kümmern müssten. Oder bei Impfungen mit Nanomaschinen, die, einmal in den Blutkreislauf eingebracht, dort im Dienst der Gesundheit durch die Gefäße patrouillieren, immer auf der Suche nach Krankheitserregern.

Grundsätzlich ist gegen den Einsatz dieser Technologie im medizinischen Bereich nichts einzuwenden. Nanomaschinen sind zunächst einmal nur die neueste Variante von Hilfsmitteln, die der Mensch schon länger zur Verbesserung seiner Lebensqualität einsetzt. Wie Funde aus China und Ägypten bezeugen, sind Prothesen seit ungefähr 500 v. Chr. bekannt. Im Laufe der Jahrtausende werden diese immer ausgefeilter sowie technisch raffinierter. Jedoch dauert es bis 1938, bis man imstande ist, nicht nur fehlende Gliedmaßen zu ersetzen. In diesem Jahr wird in London die erste künstliche Hüfte eingesetzt. Nach dem Zweiten Weltkrieg ist man so weit, auch einem hilfsbedürftigen Herzen auf die Sprünge zu helfen. Der erste Herzschrittmacher wird 1958 in Stockholm implantiert.

Diese Fakten vor Augen, liegt es nahe, Nanomaschinen als Fortentwicklung des Prothesenkonzepts zu verstehen, was ja im Grunde genommen nicht unsympathisch wäre. Doch das ist eine Täuschung. Nanomaschinen sind beileibe nicht so passiv wie Prothesen oder Schrittmacher, die eine Körperfunktion lediglich ersetzen oder unterstützen. Stattdessen greifen sie aktiv in das Geschehen im Körper ein. Aufgrund dieser Tatsache könnte man versucht sein, Nanomaschinen eher den Medikamenten zuzuschlagen. Aber auch diese Einordnung geht fehl, da sie im Gegensatz zu den klassischen Arzneimitteln nicht nach dem Gießkannenprinzip im gesamten Körper verteilt werden müssen, um einen Krankheitsherd zu erreichen. Nanomaschinen ist es stattdessen möglich, diesen direkt anzusteuern und vor Ort dagegen vorzugehen.

Und genau hierin liegt ihr dystopisches Potenzial. Denn damit sie ihre Arbeit verrichten können, ist es unerlässlich, dass sie den Zutaten- und Hormon-Mix im Blut ihres Gastgebers kontrollieren. Wenn sie diesen aber kontrollieren können, können sie ihn auch beeinflussen. Damit haben die injizierten Maschinen Zugriff auf die Persönlichkeit des Menschen, da der jeweilige Hormonspiegel wesentlich das bestimmt, was man umgangssprachlich als Realität bezeichnet.

Macht man sich gleichzeitig noch bewusst, dass die Nanomaschinen aus dem Innern eines Körpers eigenständig mit der Welt außerhalb kommunizieren und ihre gespeicherten Daten mit einem Smartphone ausgelesen werden können [205], wird klar, welche Gefahr von ihnen ausgeht. Die Macht derjenigen, die am anderen Ende der Leitung sitzen, also die Herren und Herrinnen über die Nanomaschinen, ist kaum zu überschätzen. Es liegt in ihrer Hand, jede individuelle Persönlichkeit nach Belieben auszumerzen. Das macht Nanomaschinen zum idealen Instrument für die Durchsetzung des Einheitsmenschen.

8.3 | BMGF als Förderer der Nanomaschinen

Das bringt uns zurück zu Bill Gates und der »Bill & Melinda Gates Foundation«. Es verwundert nicht, dass der Milliardär und seine Stiftung zu den großen Förderern der Nanotechnologie gehören. Zunächst, weil sie gut zu Gates' Ansatz passt, für jedes Problem zunächst eine technologische Lösung finden zu wollen. Koste es, was es wolle. Die Ergebnisse kennen wir: Menschenversuche, Zwangsimpfungen und Zwangssterilisationen.

Betroffen davon sind die Schwächsten der Schwachen, diejenigen, die keine Lobby haben, die in den unbeachteten Ecken der Welt ihr Dasein fristen. Ohne Bodenschätze und Ressourcen kümmert sich die Weltgemeinschaft nicht um diese Länder und die Menschen, die dort leben. Sie sind in Vergessenheit geraten und damit leichte Beute für Gates und die BMGF. Es ist absurd zu behaupten, dass sich ein Land wie Lesotho, dessen Bruttoinlandsprodukt 2018 bei 2 739 000 000 Dollar liegt, gegen die BMGF zur Wehr setzen könnte, deren Stiftungsvermögen ungefähr 18-mal so hoch ist wie das BIP des afrikanischen Staates. Selbst wenn die Regierung von Lesotho wollte, sie würde es sich schlicht nicht leisten können. Also ergibt sich der Staat seinem Schicksal und hängt sich an den Tropf der Gates-Stiftung und/oder einer ihrer zahlreichen Handlangerorganisationen. Selbst wenn das bedeuten könnte, dass damit Teile der eigenen Bevölkerung zu Versuchskaninchen werden, an denen Pharmariesen ihre Neuentwicklungen und Milliardäre ihre Ideen von Geburtenkontrolle erproben.

Wie wir gesehen haben, kennt Bill Gates keine Hemmungen und Skrupel, wenn es darum geht, entweder Geld zu verdienen und/oder seine Ideologie Wirklichkeit werden zu lassen. Außerdem wissen wir, dass er und seine Stiftung treibende Kräfte sind bei der Einführung der digitalen Identität, also jenes subkutan implantierten Farbcodes, durch den das Individuum aus seiner Anonymität herausgerissen und wie Nutzvieh markiert werden soll.

Ist es angesichts all dessen, was wir bis hierhin über Gates, seine Stiftung und deren Machenschaften und Verwicklungen erfahren haben, wirklich so abwegig anzunehmen, dass irgendwo in einem dieser bedeutungslosen Staaten des Globalen Südens eines oder mehrere Forschungslabore oder entsprechende Einrichtungen betrieben werden, in denen bereits die ersten Menschenversuche mit injizierten Nanomaschinen im Gange sind?

Die Möglichkeiten und Voraussetzungen sind jedenfalls gegeben. Es ist anzunehmen, dass in den geheimen beziehungsweise verschlossenen Laboren der damit befassten Universitäten, Stiftungen und Firmen die Entwicklung der miniaturisierten Roboter erheblich weiter vorangeschritten ist, als es in der Öffentlichkeit bekannt ist. Kein Geheimnis ist hingegen, dass, sollten sie Bedarf an Testpersonen haben, die keine Fragen stellen, sie in Afrika auf ein schier unbegrenztes Reservoir von Menschen zurückgreifen können. Unbürokratisch, schnell und nach Belieben.

Bill Gates' Aktivitäten atmen stets den Geist der malthusischen Angst des Superreichen vor der gewalttätigen Reaktion der vielen Armen auf den Reichtum des Einzelnen. Um sich gegen den Rachedurst der weniger Begüterten zu wappnen, verfolgt er verschiedene Strategien.

Die eine besteht, wie gesehen, in Beschwichtigung und Anbiederung. Seht her, ich verstehe euch und euer Anliegen, ich bin einer von euch, und deshalb bin ich auch der Meinung, dass ich viel zu wenig Steuern zahle. So oder so ähnlich lässt es der Amerikaner regelmäßig verlauten. Wie viel davon zu halten ist, zeigt der Umstand, dass Gates mit seinem Unternehmen jedes nur denkbare Schlupfloch bewusst auszunutzen und alle möglichen und unmöglichen Tricks anzuwenden weiß, um Steuern zu sparen und damit der Gesellschaft viel Geld vorzuenthalten.

Die zweite Strategie, die er verfolgt, um sich vor den Armen zu schützen, greift auf die »altbewährten« Mittel der US-Eugeniker zurück und befindet sich noch in Erprobung. Nämlich die Sterilisation derer, die für überflüssig gehalten werden und die keine Chance erhalten sollen, ihre Gene weiterzugeben. Wie bewusst sich Bill Gates dieser Tradition ist, in der er sich bewegt, muss offenbleiben. Es liegt hierin jedoch ein zentraler und überaus unappetitlicher Aspekt der Kalifornischen Ideologie.

Was nun die Nanomaschinen betrifft, so gehören sie weder zu der einen noch zu der anderen Strategie. Vielmehr bilden sie eine eigene Kategorie. Der Grund ist einfach: Sie eröffnen neue dystopische Möglichkeiten.

Jemand wie Bill Gates, der sich in der Rolle des Anführers, der die Menschheit ins Licht führt, gefällt, findet gewiss nichts Schlechtes an der Vorstellung, dass die Persönlichkeit eines einzelnen Menschen von außen gesteuert werden kann. Schließlich befindet er sich auf der richtigen Seite des Steuers. Nicht nur weiß er, was für sich oder seine Familie das Beste ist, sondern vielmehr für die ganze Menschheit. Diese Überzeugung erhebt ihn, wie alle kalifornisch gesinnten Jünger, über die Ungläubigen hinaus. Diese müssen, wie es im Jargon der Berliner Sektion des kalifornischen Weltstaates heißt, »abgeholt und mitgenommen werden«. Was wiederum einen Euphemismus darstellt für die Ankündigung einer gleichermaßen tyrannischen wie totalitären Zwangsbeglückung der Massen. Damit hat man ja in der Mitte Europas Erfahrung.

Das führt zu einem weiteren zentralen Punkt, warum die Nanotechnologie für Gates einen solchen Stellenwert besitzt. Bislang ist seine Kontrollwut auf sein privates Umfeld und seine Mitarbeiter beschränkt gewesen. Die Nanomaschinen ermöglichen es ihm nun, diese weltweit auszuleben. Wir erinnern uns an den jungen Bill, der jede einzelne im Unternehmen geschriebene Programmierzeile kontrollierte und abschließend überprüfte. Dasselbe Schicksal droht der Weltgesellschaft, sollte es tatsächlich gelingen, und prinzipiell spricht nichts dagegen, Nanomaschinen zu konstruieren, die als Gesundheitspatrouille die Gefäße überwachen.

Jeder Einzelne, und dies ist keine Übertreibung, wäre dann in den Händen der kalifornischen Hohepriester. Von da an gibt es kein Entkommen mehr. Dann kann man nicht mehr sein Handy in den See oder alle Computer aus dem Haus schmeißen, um sich aus dem Spiel zu nehmen. Es gibt kein Entrinnen. Selbst eine vollständige Blutwäsche würde keinen Erfolg garantieren, da eine einzelne Nanomaschine auf DNA-Basis ausreicht, um eine neue Flotte zu generieren. Sie ist schließlich dazu fähig, sich selbst zu reproduzieren. Daher ist es nur eine Frage der Zeit, bis der freie Mensch nach Einführung von Nanomaschinen als Instrument zur Gesundheitsvorsorge aufhören wird zu existieren. Es mag ab da vielleicht 50 Jahre dauern – oder auch 100 oder 200. Aber das ist egal, am Ende steht die ameisenhafte Sklavenexistenz. Und Bill Gates setzt alles daran, das noch zu erleben.

8.4 | Der Mensch als Lochkarte

Wem das zu pessimistisch erscheint, der sei an das Ende des 19. und den Anfang des 20. Jahrhunderts erinnert, als die ersten Vorläufer des Computers damit beginnen, nicht nur die Arbeitswelt umzukrempeln. Gemeint sind die Hollerith-Maschinen, die auf Lochkarten gespeicherte Daten verarbeiten können. Zunächst werden sie zur Steuerung von Webstühlen eingesetzt, bald aber bilden sie die Grundlage für die schnelle Speicherung vieler Daten sowie deren zeitnahe Auswertung.

1910 wird in Berlin die Deutsche Hollerith-Maschinen Gesellschaft mbH (DEHOMAG) gegründet. Das Unternehmen verkauft zum einen in Lizenz die von dem Amerikaner Hermann Hollerith erfundene Lochkarte und vermietet zum anderen die notwendigen Lochkartenlocher und -sortierer sowie Tabelliermaschinen. Dieses Geschäftsmodell erweist sich als Erfolg. Vor allem der deutsche Staat und die Verwaltung der Länder gehören zu den Kunden der DEHOMAG. Umsatz- und Mitarbeiterzahlen steigen kontinuierlich. Bis

Abb. 74:
Lochkarte

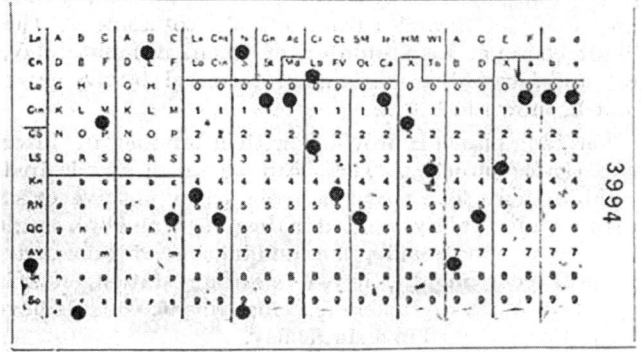

1922, als Inflation und Wirtschaftskrise die DEHOMAG an den Rand der Pleite bringen und IBM[206] das Unternehmen kauft.

Nach dem Einstieg von IBM entwickeln sich die Geschäfte wieder in gewohnter Weise. Nach wie vor gehören Staat und Verwaltung zu den wichtigsten Kunden der DEHOMAG. Das gilt auch für die Jahre nach 1933. Während viele andere Unternehmen, nachdem die Einrichtung des Konzentrationslagers Dachau bekannt geworden ist, ihre Geschäftsbeziehung mit Deutschland überdenken und eventuell ändern, hat IBM keine Skrupel hinsichtlich einer Zusammenarbeit der DEHOMAG mit den NS-Instanzen. So kommen Hollerith-Maschinen bei der Auswertung der Fragebögen der Volkszählung vom 12. April 1933 zum Einsatz.

Das klingt zunächst einmal harmlos. Jedenfalls, wenn man außer Acht lässt, dass dieser Zensus eine wichtige Grundlage bildet für die spätere Diskriminierung und Verfolgung von Juden, Sinti und Roma sowie anderen Minderheiten, die das NS-Regime auszurotten gedenkt. Nach dem April 1933 wissen die braunen Machthaber dank der Hollerith-Maschinen sehr genau, wie groß diese Bevölkerungsgruppen sind und wo ihre jeweiligen Angehörigen wohnen.

Laut dem amerikanischen Journalisten Edwin Black, der sich eingehend mit der Rolle von IBM in der Zeit zwischen 1933 und 1945 beschäftigt hat, wäre der Holocaust in seiner grausamen Perfektion ohne die Hollerith-Maschinen nicht denkbar. Um dies zu veranschaulichen, vergleicht er die Verfolgung der Juden in Frankreich mit der in den Niederlanden.

In den Niederlanden kommen Hollerith-Maschinen bei der Erfassung und Verfolgung der Juden zum Einsatz, in Frankreich nicht. Was im Übrigen nicht daran liegt, dass man sich bei IBM plötzlich darüber klar geworden ist, wofür die Apparate eingesetzt werden, und man deshalb auf das Geschäft mit Hitler-Deutschland verzichtet hätte. Vielmehr bemerkt IBM, welch große Rolle die Datenverarbeitung bei der Plünderung Polens gespielt hat, und will die sogenannten »licensing fees« erhöht sehen.

Die Ergebnisse des Vergleichs sind eindeutig: In Frankreich werden 24 Prozent der dort lebenden Juden vernichtet. In den Niederlanden erreicht die Vernichtungsdichte schockierende 73 Prozent.[207] Warum erwähnen wir diese historische Begebenheit im Zusammenhang mit Nanomaschinen und Bill Gates? Die Antwort ergibt sich aus der Ähnlichkeit der Aufgaben. Sowohl die Lochkarten- als auch die Nanomaschinentechnologie dient der Erfassung, Kategorisierung und Katalogisierung des Menschen.

Welche Auswirkungen das haben kann, sehen wir am Beispiel der Niederlande. Und da sind nur primitive Lochkarten im Einsatz gewesen. Wozu werden dann erst Nanomaschinen imstande sein, die in den Blutkreislauf injiziert werden?

Abb. 75: Häftlings-Personal-Karte aus dem KZ Buchenwald mit dem Vermerk »Hollerith erfaßt«

9 | Schluss

Als die Nazis die Kommunisten holten, habe ich geschwiegen;
ich war ja kein Kommunist.
Als sie die Gewerkschaftler holten, habe ich geschwiegen;
ich war ja kein Gewerkschaftler.
Als sie die Juden holten, habe ich geschwiegen;
ich war ja kein Jude.
Als sie mich holten, gab es keinen mehr,
der protestieren konnte.
(Martin Niemöller)

Angesichts all dessen, was wir auf den vorangegangenen Seiten über den Komplex Bill Gates, die BMGF und die Kalifornische Ideologie erfahren haben, erscheint die sogenannte Coronakrise des Jahres 2020 in einem gänzlich anderen Licht.

Es zeigt sich, dass wir es bei der Covid-19-Pandemie nicht mit einem Krankheitsausbruch zu tun haben, der zwar vorübergehend das gesellschaftliche Leben lahmlegt, aber ansonsten keine wirklichen Schäden am Gemeinwesen hinterlässt. Stattdessen markiert das Auftreten des Coronavirus, von dem keiner weiß, woher es genau kommt, wahrscheinlich den Beginn eines neuen historischen Abschnitts. Die Begründer und Hohepriester der Kalifornischen Ideologie, allen voran Bill Gates, greifen weltweit nach der Macht. Sie wollen eine neue Weltordnung installieren. Und die Technologie macht es möglich, dass aus den infantilen Utopien von Vorschulkindern, die im Körper erwachsener Menschen gefangen sind, tyrannische Realitäten werden.

9.1 | Die Coronakrise – ein Zufall?

Betrachten wir die Coronakrise, die die Zeitenwende einläutet, von Beginn an, so liegt zunächst einmal die Frage nahe, ob der Ausbruch tatsächlich reiner Zufall gewesen ist oder eventuell von interessierten

Kreisen, nämlich den Hohepriestern der Kalifornischen Ideologie, herbeigeführt wurde. Dass Letztere moralisch keine Probleme damit hätten, eine weltweite Seuche auszulösen, um an ihr Ziel zu gelangen, dürfte inzwischen klar geworden sein. Über die Verbindungen und die Mittel, die dazu notwendig sind, würden sie ebenfalls verfügen.

Ein mögliches Indiz dafür, wer hinter Corona steckt, könnte die Eröffnung eines Forschungslabors in Wuhan 2019 sein, das sich mit der Erforschung von Fledermausviren beschäftigt. Eingerichtet wurde das Labor vom National Institute for Allergy and Infectious Diseases, NIAID, einem US-amerikanischen Forschungszentrum. Dessen Leiter, Dr. Anthony S. Fauci, sitzt im »Leadership Council« der BMGF, dem höchsten Beratergremium der Gates-Stiftung[208], und trat während der Coronakrise als Chefberater des US-Präsidenten auf. Ist es da wirklich so »lächerlich«, »dumm« oder »irre«, Zweifel an der offiziellen Version anzumelden, wonach es sich um einen Zufall handelt, dass sich ausgerechnet von Wuhan aus ein Fledermausvirus über die ganze Welt verbreitet?

Und was ist mit den beiden Vorgängerviren SARS (2003) und MERS (2012), die beide ebenfalls der Familie der Coronaviren entstammen? Im Rückblick kann der Eindruck entstehen, dass SARS und MERS regelrechte Testläufe gewesen sind, bei denen man Erkenntnisse sammeln und Schwachstellen ausbessern konnte. Dies würde bedeuten, dass Covid-19 ein Laborprodukt ist, künstlich erschaffen und bewusst in Umlauf gebracht, um damit Politik zu machen.

Um das zu verstehen, sei daran erinnert, dass das Virus, wie wir gesehen haben, nicht nur der einzig verbliebene Feind im digitalen Zeitalter ist, darüber hinaus ist er auch der perfekte Feind. Mit seiner Hilfe lässt sich eine Demokratie mit einem Fingerschnippen aus den Angeln heben. Wie das geht, ist seit dem ersten Halbjahr 2020 zu beobachten. Angela Merkel regiert durch, unbehelligt von einem Parlament, das in der Coronakrise endgültig bewiesen hat, dass es zu einer bloßen Bestätigungsinstanz für Regierungsvorhaben verkommen ist.

Damit so ein Coup gelingt, muss der in der Petrischale konstruierte Krankheitserreger über gewisse Eigenschaften verfügen. So darf das Virus sich nicht zu schnell verbreiten, die Inkubationszeit sollte nicht zu kurz und nicht zu lang sein, und eine Infektion sollte nicht mit allzu großer Lebensgefahr verbunden sein. Die Gründe liegen auf der Hand: Ein Virus, bei dem schnell starke Symptome auftreten, führt dazu, dass die betroffenen Menschen sich und damit andere automatisch schützen, indem sie sich ins Bett legen oder ins Krankenhaus begeben, was wiederum die Verbreitung behindert. Ist das Virus zu tödlich und rafft es seinen Wirt in wenigen Stunden oder Tagen dahin, dann geschieht das zu seinem eigenen Schaden, und die Infektionskette wird ebenfalls recht bald unterbrochen. Man kann also sagen: Je tödlicher und ansteckender ein Virus, umso weniger eignet es sich als politisches Instrument. Am besten ist also eines, das über eine ausreichend lange Inkubationszeit verfügt, auf den ersten Blick gefährlich ausschaut, sich aber im Endeffekt als mehr oder weniger harmlos herausstellt. Schließlich soll das Virus nur den Zweck erfüllen, die Impfbereitschaft der Massen zu erhöhen, es soll sie nicht töten.

Die dritte Corona-Variante des 21. Jahrhunderts, Covid-19, scheint nun das »Beste« aus SARS und MERS in sich zu vereinen. Die Gefährlichkeit, die Übertragungs- und Ausbreitungswege – alles passt ins Konzept für einen kalten Staatsstreich in globalem Maßstab. Dafür spricht auch das »Event 201«, die bereits erwähnte groß angelegte Übung, deren Ausgangsszenario vielsagende Ähnlichkeiten mit der Situation wenig später aufweist.

Vielleicht aber sind das ja alles Zufälle, und Bill Gates hat lediglich schnell reagiert und die Chance ergriffen, die ihm das Virus bot. Weshalb er sich auch von Beginn an als Verfechter von Massenimpfungen, am besten weltweit und lückenlos, positioniert hat. Damit hat er die Richtung vorgegeben, nicht nur, aber vor allem für die deutsche Sektion des kalifornischen Weltstaates. Und deren Regierung wird mit dem zu erwartenden Immunitätsausweis die Demokratie weiter zugunsten einer Weltordnung schleifen, die keine Individualität mehr kennen will, sondern nur die gleichförmige Herrschaft terroristischer Mittelmäßigkeit.

9.2 | Der Kassandra-Komplex

Mit dieser terroristischen Mittelmäßigkeit, die darin besteht, individuelle Stärken und Schwächen auszumerzen, um dadurch Gleichheit als mittelmäßige Gleichförmigkeit zu verwirklichen, hat Bill Gates freilich nichts zu tun. Er lässt sich nicht herab, in den Niederungen der Tagesaktualitäten tatsächlich Politik zu machen. Die Drecksarbeit erledigen andere; Träger von Zufallsnamen, an die sich am Ende des Tages schon keiner mehr erinnert. Das gilt vor allem für die Berliner Sektion des kalifornischen Weltstaates.

Ganz anders der Microsoft-Gründer. Er thront über den Verhältnissen, bei ihm laufen alle Fäden zusammen. Höchste Macht bedeutet allerdings höchste Verantwortung und auch Schuld. Und wie wir erfahren haben, liegt ihm Letztere besonders am Herzen. Nur zu gern sonnt sich Gates im Glanz des Reumütigen, der seine Schuld anerkennt und Besserung gelobt. Dahinter steht indes keine wirkliche Selbsterkenntnis. Vielmehr geht es darum, dass sich für Bill Gates die Bedeutung der eigenen Person unter anderem in der Größe der eigenen Schuld ausdrückt.

In der klassischen Psychoanalyse seit Freud und Jung wird dieses Zusammentreffen von narzisstischer Persönlichkeitsstruktur und einem überschießenden Selbstwertgefühl als Kassandra-Komplex bezeichnet. Bei der Namensgeberin, Kassandra, handelt es sich um eine Gestalt aus der antiken Mythologie, die so schön und anmutig gewesen ist, dass Apollon sie mit der Gabe der Weissagung beschenkt. Gleichzeitig macht er ihr Avancen und versucht sie zu verführen. Vergebens. Kassandra gibt ihm einen Korb. Woraufhin er sie und ihre Nachkommenschaft verflucht, auf dass niemand ihren Weissagungen

Glauben schenken werde. Bis heute werden ungehörte Warnungen daher als »Kassandra-Rufe« tituliert. Wenn sich dazu noch ein Schuldgefühl entwickelt, dann wird aus dem Ruf ein Komplex.

Zu erkennen ist ein solcher in der Aussage von Bill Gates, der mit Blick auf Corona dem *Wall Street Journal* im Mai 2020 sagt: »I feel terrible« (»Ich fühle mich schrecklich«). Seine früheren Reden über die Bedrohung durch ein Virus hätten nur dazu gedient, dass man im Fall der Fälle schneller hätte handeln und so die Opferzahlen auf ein Minimum hätte beschränken können.

Lassen wir die größenwahnsinnige Maßlosigkeit, die hinter einer solchen Aussage steht, außer Acht, und nehmen wir an, Bill Gates habe tatsächlich ein Schuldgefühl hinsichtlich der Ausbreitung von Corona entwickelt, so ergibt sich ein Problem. Denn beim Kassandra-Komplex entsteht ein Schuldgefühl nur dann, wenn die Schuld konkret ist. Oder anders gesagt: Diese Gefühle greifen nur Platz, wenn der Warnende tatsächlich und faktisch weiß, wovor er warnt. Bei einer rein hypothetischen Warnung entsteht ein solches Gefühl des Versagens, wie bei Gates, nicht.

Auch wenn vieles darauf hindeutet – zum Beispiel die oben beschriebene Verbindung zwischen der BMGF und Wuhan –, wir wissen nicht, ob Corona tatsächlich ein Projekt von Bill Gates darstellt und/oder ob das Virus aus einem der Labore stammt, die die Gates-Stiftung weltweit finanziert. Was wir aber wissen: Der Microsoft-Gründer hat, vorsichtig ausgedrückt, politische Ambitionen. Ihn verlangt es nach einer Welt, die nach Maßgabe der Kalifornischen Ideologie funktioniert, das heißt, in der er aufgrund der von ihm selbst empfundenen moralischen und intellektuellen Überlegenheit dekretiert, was zu tun ist.

Das Virus kommt ihm dabei sehr gelegen. Es eröffnet Chancen, die es so schnell ein zweites Mal nicht geben wird.

9.3 | Der Andersdenkende als Virus

Am 9. Juli 2020 treten der Bundesinnenminister Horst Seehofer und der Chef des Bundesamtes für Verfassungsschutz, Thomas Haldenwang, vor die Presse, um mit einigen Wochen Verspätung den Verfassungsschutzbericht 2019 vorzustellen. Darin bezeichnet Haldenwang, wie nicht anders zu erwarten, den Rechtsextremismus als größte Gefahr für die Demokratie in Deutschland.

Ob es sich tatsächlich so verhält oder ob der Chef des Verfassungsschutzes nur das Verlangte verkündet, ist in unserem Zusammenhang nebensächlich. Viel wichtiger ist die Sprache, die auf der Pressekonferenz zum Einsatz kommt. Vertreter der sogenannten Neuen Rechten nennt Haldenwang beispielsweise »Superspreader von Hass, Radikalisierung und Gewalt«[209]. Was an diesen für einen Verfassungsschutzpräsidenten erstaunlichen Worten deutlich wird, ist das Wiedereindringen des Medizinischen ins Politische. Wir haben diese semantische Übertragung in Gestalt der Rassenpolitik der 1930er-Jahre bereits kennengelernt.

Heute zeigt sich dieser Vorgang in einem qualitativen Unterschied zu der Diagnose, die schon seit Längerem Islamkritiker trifft, die bezweifeln, dass eine sexuelle Vorliebe als politisches Argument taugt. Von ihnen heißt es, sie seien krank- und zwanghaft ängstlich. Nichts anderes besagen Zuschreibungen wie islamophob oder homophob. Mittlerweile aber sind Andersdenkende nicht mehr nur krank, sondern offensichtlich selbst zu Krankheitserregern avanciert. Kaum vorstellbar, dass der Chef des deutschen Verfassungsschutzes sich dessen nicht bewusst ist.

Haldenwang befindet sich mit seiner Rhetorik in guter Gesellschaft. Schon seit Jahren beschäftigen sich Forscher weltweit mit der Frage, ob Ideen als eine Art mentales Virus funktionieren. Die Stoßrichtung liegt auf der Hand. Die moralische Bloßstellung und soziale Hinrichtung von Andersdenkenden haben sich inzwischen verbraucht, es muss etwas Neues her. Da liegt es nahe, zwischenmenschlichen Kontakt durch Kommunikation als »Übertragung« und »infektiös« zu bezeichnen.[210] Im gleichen Atemzug erklärt man dann die, die nicht so denken wie gewünscht, zu Überträgern, die zur Verbreitung der Krankheit, also der falschen Meinung, beitragen. Nichts anderes macht Haldenwang, indem er die sogenannte Neue Rechte mit Begriffen aus der Virologie und Epidemiologie belegt.

Mit Demokratie hat das alles nicht mehr viel zu tun. In einer solchen weiß man zu unterscheiden zwischen der politischen Meinung und dem Menschen, hier gibt es keinen »gesunden Volkskörper«, den man mit persönlichen Ansichten vergiften könnte. Die Pathologisierung von Opposition ist eher ein Zeichen totalitärer Systeme. Wie ebenfalls bereits erwähnt, haben Nationalsozialismus und Kommunismus ihre Gegner zu Krankheitserregern erklärt, die ausgerottet gehören. Worte gehen den Taten voraus, dementsprechend wachsam haben Demokraten zu sein, wenn wieder der Versuch unternommen wird, Oppositionelle als Krankheitserreger zu stigmatisieren.

Damals wie heute gibt man sich alle Mühe, eine wissenschaftliche Grundlage für die Diskriminierung zu kreieren. Ein ganzer Forschungszweig ist inzwischen entstanden. Diesmal jedoch nicht, um mittels Kopfvermessungen den Herren- vom Untermenschen zu scheiden, sondern heute geht es um das Erkennen und die Isolation derer, die von einem »mentalen Virus« (*mental virus*) befallen sind.[211]

Nach dem, was wir bis jetzt alles erfahren haben, nimmt es nicht wunder, dass Bill Gates und die BMGF wichtige Geldgeber dieser Einrichtungen sind und Grundlagenforschungen finanzieren.[212] Das erinnert an Carnegie und Rockefeller, deren Stiftungen jene Institute im Dritten Reich gesponsert haben, die später maßgeblich am Holocaust beteiligt waren.

Aktuell greifen die Priesterschaft der Kalifornischen Ideologie und ihre Handlanger die Demokratie noch an einer ganz anderen, vielleicht noch elementareren Stelle an, nämlich in der Kommunikation. Das Sprachdiktat der Mächtigen wurde hier bereits erläutert, hinzu kommt seit 2017 das sogenannte Netzwerkdurchsetzungsgesetz, kurz NetzDG. Mit ihm ist die Angst in die digitale Kommunikation eingekehrt, jedenfalls in Deutschland. Und in ein paar anderen Staaten, wie Weißrussland, die das Gesetz von Heiko Maas übernommen haben, um die Opposition im Netz mundtot zu machen, und damit genau dessen Sinn erfüllen.

Das NetzDG findet seine analoge Ergänzung in den Corona-Maßnahmen der Regierung. Die Umgangsbeschränkungen legen die Axt an die freiheitlich-demokratische Grundordnung. Eine besondere Bedeutung kommt hierbei der Maskenpflicht zu. Zweifelhaft in ihrer Wirkung, ist die Gesichtsmaske zum Symbol einer Demokratiekrise geworden, die sich zu einer Zeitenwende zum Schlechten ausweiten könnte.

Nicht umsonst erinnert die Maske in einer Zeit, in der knapp 60 Prozent[213] der Deutschen angeben, dass die Meinungsfreiheit in der Öffentlichkeit eingeschränkt sei, an einen Maulkorb. Und das nicht nur im übertragenen Sinne, sondern ganz praktisch. Es ist wenig angenehm, sich durch den Mund- und Nasenschutz zu unterhalten. Da lässt man es lieber ganz, bevor man sich von Satz zu Satz quält.

Ein weiterer Aspekt kommt hinzu. Es gehört zu den Errungenschaften der bürgerlichen Emanzipation und Aufklärung, dass sich Bürger mit freiem Antlitz gegenübertreten. Es ist dies ein Akt der Freundschaft und des Respekts. Sich zu verhüllen ist das Gegenteil davon. Wir kennen das Problem in Gestalt tief verschleierter Muslimas, die aus genau diesem Grunde bei säkularen Westeuropäern auf Skepsis und Zurückhaltung stoßen. Und nun, in der Coronakrise, verdecken wir alle unser Gesicht gegenüber unserem Nächsten. Es bleibt abzuwarten, was das aus der bunt-deutschen Gesellschaft machen wird.

9.4 | Das Ende aller Freiheit

Wenden wir uns aber zum Schluss noch einmal Bill Gates zu, der als notorischer Gesundheitsapostel unablässig den totalen Gesundheitsstaat vorantreibt und damit das Tor zu einer wahrhaft totalitären Herrschaft aufstößt. Zu einer Herrschaft, die sich anschickt, die letzte Grenze niederzureißen, nämlich diejenige, die den Einzelnen von seiner Umwelt trennt, um so Zugriff zu erhalten auf den letzten Rückzugsort eines Individuums.

Würden die Fantasien von Gates Wirklichkeit, es wäre das Ende jeder Persönlichkeit und Individualität – und zwar global. Daher ist es als Warnung zu verstehen, wenn die Verlautbarungsorgane der kalifornischen Glaubensgemeinschaft ihrer Zuhörer- und Zuseherschaft immer wieder einhämmern, dass es eine Zeit vor Corona und eine danach gebe und kein Weg mehr zurück in die alte Welt existiert. Diese Worte dienen der Vorbereitung. Die neue Weltordnung, gestaltet nach den Vorstellungen und Prinzipien der kalifornischen Glaubensgemeinschaft sowie der digitalen Aristokratie, rückt näher und damit die ameisenhafte Sklavenexistenz eines jeden, der nicht zu einer der beiden Gruppen gehört – weltweit.

Im Gates'schen Neusprech lässt sich dieses Horrorszenario auf einen Kern- und Grundsatz zurückführen: »Wir managen die Welt nicht hypereffizient.«[214]

Dafür braucht es keine Verschwörung, keine Juden, Jesuiten, Freimaurer, Satanisten oder sonstigen angeblich »finsteren Mächte«. Ein Narzisst mit übersteigertem Sendungsbewusstsein, der sich einer Mission verschrieben hat, reicht vollkommen aus, erst recht, wenn sich dazu noch Geld und Macht gesellen – auch das hätte eine Lehre aus der Geschichte des 20. Jahrhunderts sein können. Ist es aber offensichtlich nicht. Ansonsten wäre es nicht möglich, dass sich eine Handvoll selbstverliebter Nerds erfolgreich anmaßen könnte, den Menschen auf dem Planeten vorschreiben zu wollen, wie sie zu leben, zu lieben oder ihr Dasein zu gestalten haben.

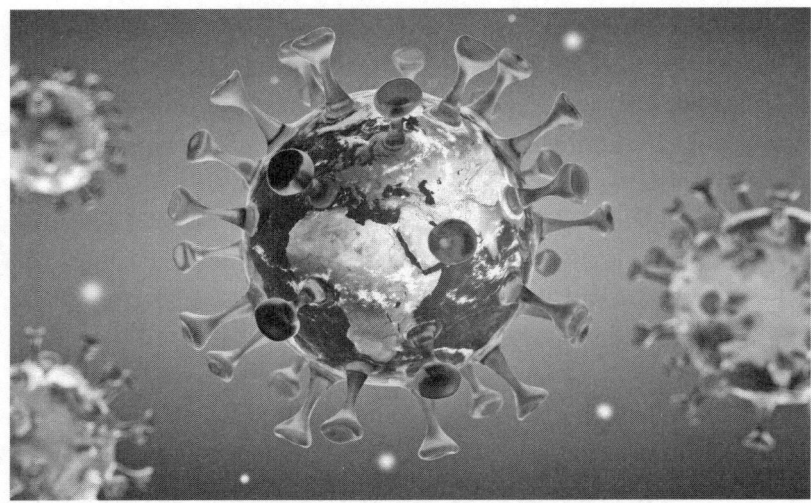

Abb. 76: Coronavirus

Das ist ihnen bislang schon sehr gut gelungen. Wer traut sich heute noch öffentlich die Dogmen des Regenbogens und damit die Kernbotschaften der Kalifornischen Ideologie zu hinterfragen? Nur die, die nichts zu verlieren haben und schon ausgestoßen sind aus der Gemeinschaft der Anständigen, Guten und Bunten. Ansonsten hält man besser die Klappe und ballt die Faust in der Tasche. Andernfalls kann ein Andersdenkender nicht auf Hilfe hoffen. Fußballvereine ätzen gegen Fans und Mitglieder, die eine andere Partei wählen als die, die der Vereinsvorstand vorgegeben hat; Gewerkschaften schützen ihre Mitglieder nicht mehr, sondern fordern deren Entlassung, sofern sie sich wider die reine Regenbogenlehre aus Kalifornien äußern; und vor Gericht wirkt die Gesinnung schon längst strafverschärfend oder -mildernd, je nachdem, wie Täter und Opfer politisch ausgerichtet sind.

Covid-19 beziehungsweise der deshalb eingeführte Immunitätsnachweis wird die Diskriminierung von Menschen, die nicht bereit sind, den bunten Versprechungen von einer tristen, grauen Zukunft zu folgen, auf ein neues Niveau heben. Im totalen Gesundheitsstaat sind Impfverweigerer ein Gesundheitsrisiko, das aus hygienischen

Gründen, wenn es schon nicht beseitigt werden kann, so doch isoliert und ausgegrenzt werden muss. Dass dies nicht nur das Impfen und die Gesundheitsvorsorge betrifft, erschließt sich bei den Bemühungen der Berliner Republik zur Herstellung einer ideologisch sterilen Konsensgesellschaft, in der zu jedem Thema genau eine und nur eine Meinung existiert, die die Bundesameise morgens, mittags, abends und nachts eingehämmert bekommt.

Wie gezeigt hält die Zukunft, die Bill Gates und seine Gesinnungsgenossen allen anderen vorschreiben wollen, nichts Attraktives für diejenigen bereit, die nicht zur digitalen Aristokratie gehören. Doch noch existieren keine Nanomaschinen, obwohl ganz ohne Zweifel an ihnen geforscht wird. Noch sind keine Miniatur-Roboter dazu in der Lage, im Blutkreislauf zu patrouillieren, dabei den Hormonhaushalt eines jeden im Blick zu haben und das alles an eine zentrale Stelle weiterzusenden, um die letzten verbliebenen Überreste eines freien Bürgerwillens ein für alle Mal zu tilgen.

Da mag man sich fragen, warum Gates' Versuch, eine flächendeckende Corona-Massenimpfung durchzusetzen, so gefährlich sein soll, wenn die Geimpften dadurch nicht mit Farbcodes und Nanomaschinen markiert und infiziert werden.

Zunächst einmal ist ganz grundsätzlich höchstes Misstrauen angesagt, wenn die Symbolfigur des totalen Gesundheitsstaates, die außerdem an tonangebender Stelle tief in die Machenschaften der Pharmaindustrie verwickelt ist, Maßnahmen wie flächendeckende Impfungen empfiehlt beziehungsweise befiehlt. Erst recht, wenn wir uns die Impfkampagnen der BMGF im Globalen Süden vergegenwärtigen. Sie zeigen, dass eine Impfung und ein Impfstoff gefährlich sein können, auch ohne dass Nanomaschinen im Spiel sind. Der Zusammenhang mit Gates oder der Gates-Stiftung selbst ist es, der zum kritischen Nachdenken anregen sollte.

Am wichtigsten aber ist, zumindest aus gesellschaftspolitischer Sicht, dass es einem Dammbruch gleichkäme, wenn es zu einer mehr oder weniger erzwungenen Massenimpfung käme. Bill Gates weiß natürlich, dass er bereits jetzt das Feld für die Nanomaschinen bereiten muss. Dazu müssen die Widerstände gegen Massenimpfungen gebrochen werden. Außerdem müssen noch Erfahrungen gesammelt werden, denn die Zwangsimpfungen in Afrika werden nur bedingt vergleichbar sein mit denen in Europa oder den Vereinigten Staaten. Wenn es so weit ist und die Miniatur-Roboter zur Verfügung stehen, dann sollte sich im Idealfall eine gewisse Routine eingespielt haben, sowohl was die Erfassung der zu Impfenden betrifft als auch den Vorgang der Injektion selbst.

Um dort hinzukommen, braucht es ein erstes Mal. Und dieses erste Mal ist Covid-19.

Für die Berliner Sektion des kalifornischen Weltstaates steht zu erwarten, dass Gates' Anweisungen hinsichtlich flächendeckender Impfungen rasche Umsetzung finden wird. Es wäre nicht der erste Großversuch zum Schaden des deutschen Volkes, man denke nur an die Flüchtlingskrise, womit »wir«, so der Politikwissenschaftler und Vorzeige-Merkelianer Yascha Mounk in den *Tagesthemen* vom 21. Februar 2018, ein »historisch einzigartiges Experiment wagen, und zwar eine monoethnische und monokulturelle Demokratie in eine multiethnische zu verwandeln«. Deutlicher kann man die Menschen in Deutschland nicht zu Versuchskaninchen herabwürdigen. Und es besteht kein Zweifel, dass Mounk nur den Geist in Worte fasst, der im Bundeskanzleramt schon länger weht und herrscht. Die Deutschen sind nicht mehr als dumpfe Verfügungsmasse, Versuchskaninchen, deren Gesundheit und Leben man leichtfertig aufs Spiel setzen kann. Das gilt nicht nur für Fragen eines »täglich neu auszuhandelnden Miteinanders«, sondern erst recht auch für gesundheitliche Versuchsanordnungen, wenn dafür das Lob vom Microsoft-Gründer höchstpersönlich winkt.[215]

Der Widerstand, der sich derzeit noch gegen die Kampagne von Gates und der bunt-deutschen Regierung erhebt, wird, so das Kalkül, mit jeder weiteren Impfrunde schwächer werden, bis er irgendwann ganz erlischt. Das ist dann der Augenblick, auf den Gates und die Hohepriester der Kalifornischen Ideologie gewartet haben. Jetzt ist der Mensch bereit für seine Transformation zur Ameise.

Wie lange ein solcher Prozess dauern würde, lässt sich natürlich nicht genau bestimmen. Aber sicherlich läuft er nicht in Generationen ab, sondern innerhalb weniger Jahre. Umso schneller, je rascher der Immunitätsnachweis auf die eine oder andere Art eingeführt wird.

Sobald die Technologien verfügbar sein werden, um Blut- und Hormon-Mix jedes Einzelnen zu kontrollieren, sind die Kalifornier und allen voran Bill Gates imstande, sich quasi direkt am Quellcode um die Korrekturen von fehlerhaften Persönlichkeiten zu kümmern. Ausreißer darf es bei Bill Gates, dem Kontrollwütigen, nicht geben. Einigkeit und Recht und Freiheit – nie sind sie in existenziellerer Gefahr gewesen als derzeit.

Es verwundert nicht, wenn gerade die, die im Nationalstaat das Böse erkennen und ihn deshalb abzuschaffen gedenken, auch die Meinungsfreiheit bestenfalls als unliebsamen Störfaktor empfinden. Die Ablehnung des Begriffes Vaterland und die Angst vor dem »Zorn der freien Rede«[216] gehen Hand in Hand. Dies nicht nur zufällig, sondern notwendigerweise, da sinnvoller Widerspruch und konstruktive Opposition in einem globalen Weltstaat, in dem alle Fäden in einer Hand zusammenlaufen, nicht mehr geduldet werden können, weil sie zu gefährlich sind.

Jacob Grimms[217] Wunsch für das Grundrecht von 1848 »Das deutsche Volk ist ein Volk von Freien und deutscher Boden duldet keine Knechtschaft« bringt in einem Satz all das zum Ausdruck, was die Kalifornische Ideologie in der Mitte Europas zu überwinden trachtet. Denn ohne deutsches Volk und deutschen Boden kann und wird es hier keine Freiheit geben.

Und warum das alles? Um den infantilen Allmachtsfantasien eines selbstverliebten Milliardärs Genüge zu tun. Das klingt lächerlich, und letztendlich ist es das auch. Dennoch ist es so. Gates meint es ernst, wenn er sagt, dass er die Welt retten will. Und er sieht sich dazu imstande, wahrscheinlich betrachtet er sich sogar als den Einzigen, der diese herkulische Herausforderung überhaupt übernehmen kann. Es ist dies die nerdige Variante des klassischen Herrenmenschendenkens, was sie nicht sympathischer macht.

Im Prinzip allerdings geht es noch ein wenig weiter. In einer gottlosen Zeit präsentieren sich Bill Gates und die anderen Gründer und Hohepriester der Kalifornischen Ideologie als eine Art säkulare Götterversammlung, die über den Dingen stehend und keine Grenzen kennend das Menschengeschlecht an die Hand nimmt und in ein goldenes Zeitalter führt. Sie zeigen sich dabei spendabel und großmütig, wie es Götter eben zu tun pflegen, wenn sie von ihrem Pantheon hinabsteigen, sich zu den Gewöhnlichen gesellen, um sich dem Plebs zu zeigen und Almosen zu verteilen. Gleichzeitig aber kann ein Fingerzeig das Ende bedeuten, wenn auch nicht körperlich, so doch als bislang sozial integrierte und wirtschaftlich angesehene Person. Zahlreich sind die Opfer, die beispielsweise den Weg von Bill Gates an die Spitze der kalifornischen Glaubensgemeinschaft säumen – sie alle können ein Lied von seiner Menschenliebe singen.

Das Einzige, was die gottlosen Götter des frühen 21. Jahrhunderts von echten höchsten Wesen unterscheidet, ist die Unsterblichkeit. Ohne sie ist alles nichts. Der Tod ist der große Gleichmacher und sorgt dafür, dass Allmachtsfantasien eben nur Fantasien sind und bleiben. Wirkliche Allmacht gibt es nur für den, der den Schnitter zu überlisten versteht.

Wie eine solche List derzeit aussieht, haben wir beim Thema Adrenochrom gesehen. Dadurch soll der Traum von Unsterblichkeit endlich Wirklichkeit werden. Und wenn das bedeutet, das Hormon in frisch entnommenen Kinderorganen zu ernten, dann schreckt man seitens der kalifornischen Priesterschaft auch davor nicht zurück.

Wenn es ihnen gelingt, ihre Herrschaft mithilfe von Handlangerregierungen zu etablieren, dann droht dem Einzelnen die ameisenhafte Sklavenexistenz einer Null in einer endlosen Reihe von Einsen und Nullen.

Gleichzeitig sinken vormals souveräne Nationalstaaten zu bloßen Sektionen des kalifornischen Weltstaates herab. Deutschland als zentraler Staat Europas, sowohl geografisch als auch politisch und ökonomisch, nimmt hier eine besondere Rolle ein. In ihrer Vergangenheitsvergessenheit und geblendet vom Sündenstolz erniedrigen sich die Eliten Deutschlands willfährig zu Mitläufern und Mittätern der neuen Weltordnung. Welche Form von Handlung nun Antwort auf diesen Befund sein kann, bleibt dem Leser überlassen.

Und so ist nur eines sicher: »Wehret den Anfängen!« Wenn dieser Ausruf jemals einen Sinn gehabt hat, dann hier und jetzt. »Wehret den Anfängen!«

Für die Freiheit!

Anhang

Grafiken

Die Grafiken auf den folgenden Seiten verfolgen nicht das Ziel, Aussagen zu beweisen, sondern wollen durch Vergleiche Orientierungshilfe anbieten.

Die diesen Schaubildern zugrunde liegenden Daten wurden aus öffentlich zugänglichen Quellen wie Wikipedia entnommen.

Besonders zu beachten ist dabei der Umstand, dass Bill Gates und Warren Buffett ebenso wie Microsoft und Google als staatsähnliche Existenzen gewertet werden. In einem Zeitalter, in dem einzelne Personen über größere Budgets verfügen als so mancher Nationalstaat, erscheint uns dieser Vergleich zulässig.

Ein Multimilliardär wie Bill Gates kann in seiner Machtfülle nicht mehr mit einem Schuster oder einem Fabrikbesitzer verglichen werden. Auch der Vergleich mit gewählten Staatsoberhäuptern greift zu kurz, denn diese Superreichen sind ungewählt und unabsetzbar. Mit anderen Worten: Was Ludwig XIV. im 17. Jahrhundert lediglich als Ziel formulieren konnte, gilt für Bill Gates und Warren Buffett als Binsenweisheit: L'état c'est moi![218]

Marktanteil 1

Anteil der Radeberger-Gruppe am Biermarkt
in Deutschland (Stand 2019)

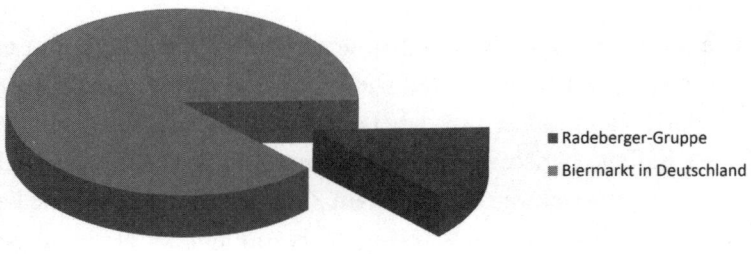

- Radeberger-Gruppe
- Biermarkt in Deutschland

Marktanteil 2

Anteil von VW am Automobilmarkt in Deutschland (Stand 2019)

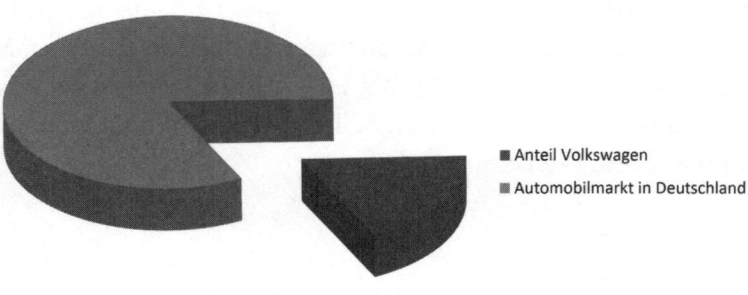

- Anteil Volkswagen
- Automobilmarkt in Deutschland

Marktanteil 3

Marktanteil von Google im Suchmaschinenmarkt

- Google
- Andere Suchmaschinen

Auf den Schaubildern »Marktanteil 1« und »Marktanteil 2« wird der Unterschied zwischen herkömmlich produzierenden Unternehmen (Radeberger Gruppe und VW) und modernen digitalen Konzernen (Microsoft und Google) offenbar. Die Gesetze der Kapitalakkumulation, die für traditionelle Unternehmer gelten, haben sich durch die Digitalisierung von allen Fesseln befreit und streben unaufhaltsam der Maximierung zu. Oder anders formuliert: Immer weniger besitzen immer mehr.

Das Schaubild »Marktanteil 3« veranschaulicht den Anteil der Suchanfragen, die über Google gestellt werden, im Vergleich zu allen anderen Suchmaschinen. Während sich bei den vorangegangenen Diagrammen die den Produkten der Firma innewohnende Macht auf Rausch und Bewegung beschränkt, sollte der Marktanteil von Google als Macht der Antwort verstanden werden, denn Google produziert nichts, sondern liefert Antworten auf Fragen.

Die Ingenieure von VW können lediglich bestimmen, wie schnell und effizient ein Auto sein soll, die Ingenieure von Google hingegen bestimmen, was wir wissen dürfen.

Marktanteil 4

Marktanteil von Windows bei Betriebssystemen

■ Windows
■ andere Betriebssysteme

Bei der Marktstellung von Microsoft ergibt sich das Problem, dass rein statistisch gesehen 77 Prozent aller Krankenversicherungsdaten, Schuldverzeichnisse und die Aufzeichnungen der gesamten Exekutive und Judikative über *Windows*-Rechner laufen. Da Microsoft der Rechteinhaber von *Windows* ist, spielen sich also, bildlich gesprochen, 77 Prozent des digitalen öffentlichen Lebens auf einem Marktplatz ab, der sich im Besitz von Microsoft befindet. Das Recht auf Eintritt, Zugang und Aufenthalt kann vom Eigner jederzeit widerrufen werden, was gleichbedeutend mit dem Ausschluss aus der Zivilisation unserer Zeit ist.

Bevölkerungswachstum seit 1990 – Deutschland und
Lesotho im Vergleich

■ Lesotho
■ Deutschland

Die Bevölkerung Lesothos wächst zwischen 1990 und 2018 viermal
so schnell wie die Deutschlands. Das oben stehende Schaubild soll
veranschaulichen, wie groß die Differenz der Bevölkerungsdynamik
zwischen einer der führenden Industrienationen und einem Staat des
Globalen Südens ist.

Diese Bevölkerungsdynamik erzeugt ganz eigene Probleme und
birgt Gefahren, sowohl für die Regierenden als auch für die Regierten. Da Lesotho einer der kleinsten Staaten Afrikas ist, kann man sich
denken, welcher Druck durch das Gesamtbevölkerungswachstum in
dieser Region erzeugt wird. Kein Wunder, dass Bill Gates diesen Umstand wahrnimmt und nach seinen Vorstellungen zu verändern
sucht.

**Verhältnis der Geburten, auf 1000 Menschen gerechnet,
zwischen Lesotho und Deutschland**

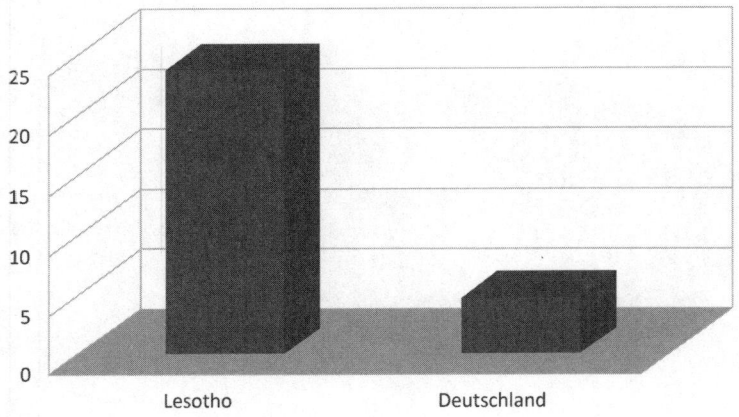

Das Balkendiagramm verdeutlicht, dass im Jahr 2019 pro 1000 Einwohner in Lesotho fünfmal so viele Kinder geboren wurden wie in
Deutschland. Dieser Trend gilt nahezu unverändert für die vergangenen 40 Jahre. Da aber, wie aus der vorigen Tafel ersichtlich ist, das
Bevölkerungswachstum nur viermal so hoch ist, ergibt sich die Frage
nach der Differenz und Konsequenz. Die Antwort ist einfach: Migra-
tion. Dieser Vorgang betrifft nicht nur Lesotho, sondern ganz Afrika.

**Veranschaulichung des in Lesotho notwendigen
Wirtschaftswachstums**

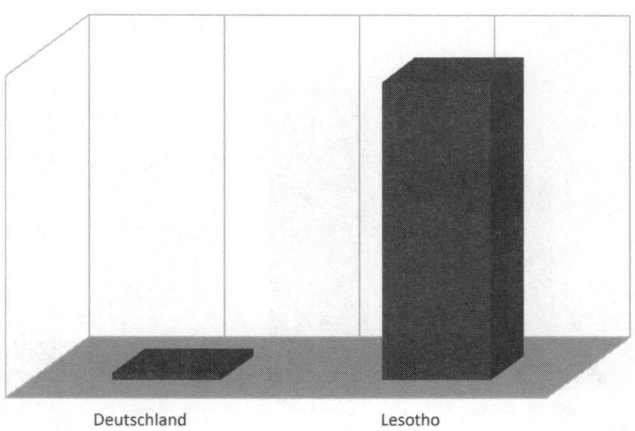

Deutschland   Lesotho

Der Wert, der in Deutschland durch ein Wirtschaftswachstum von 3 Prozent entsteht beträgt 7 751 000 000 US-Dollar. In Lesotho beträgt dieser Wert 232 530 000 US-Dollar. Das heißt, dass in Deutschland jedes Jahr um das dreißigfache mehr Wert entsteht als in Lesotho. Das aber vor dem Hintergrund, dass Lesotho im Vergleich zu Deutschland ein viermal höheres Bevölkerungswachstum verzeichnet. Die Korrelation dieser Zahlen könnte als Definition des Wortes »Armut« im Duden stehen.

Wenn Lesotho seine relative Armut zu Deutschland verkleinern möchte, wäre ein Wirtschaftswachstum von 130 Prozent vonnöten.

Kein Wunder, dass bei den Hohepriestern der Kalifornischen Ideologie der Zusammenhang von Wirtschaftswachstum und Bevölkerungswachstum ins Zentrum der Aufmerksamkeit rückt. Gleichzeitig zeigt dieses Schaubild aber auch die Hilflosigkeit der Nationen im Globalen Süden im Vergleich zu jener der reichen Industrienationen.

Vergleich Berkshire Hathaway Inc., Deutschland und Lesotho

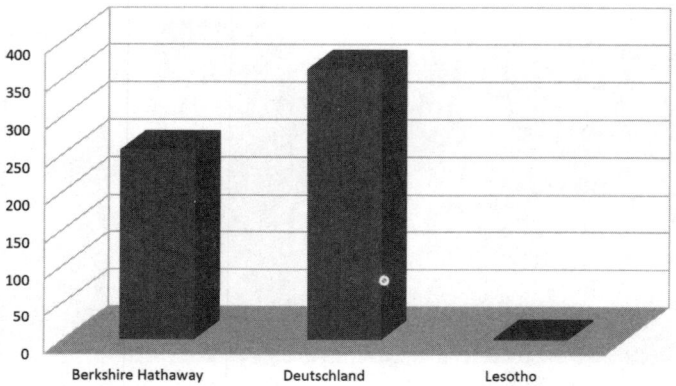

Oben vergleichen wir das Finanzvolumen der Berkshire-Hathaway-Holdinggesellschaft von Warren Buffett mit dem Bruttosozialprodukt (BSP) von Deutschland im Jahr 2019.

Hieran verdeutlicht sich, dass im beginnenden 21. Jahrhundert monetäre Daseinsformen wie Unternehmen und Fonds aufgrund der Machtfülle, die aus ihrem Finanzvolumen resultiert, als Staaten agieren und als solche begriffen werden müssen.

Oder um es mit Marcus Tullius Cicero zu sagen: »Endloses Geld bildet die Sehnen des Krieges.«

Lesothos Steuereinnahmen vs. Bill Gates' Kapitalerträge

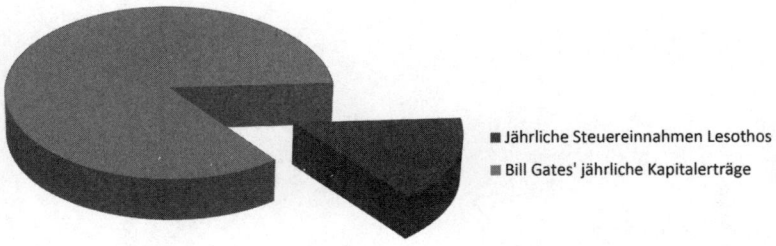

■ Jährliche Steuereinnahmen Lesothos
■ Bill Gates' jährliche Kapitalerträge

Anhand dieser Abbildung wird das Missverhältnis zwischen Arm und Reich besonders drastisch deutlich. In Lesotho leben mehr als 2 Millionen Menschen. Die durch sie für den Staat generierten Steuereinnahmen (das Budget der Monarchie Lesotho, von dem Straßen, Krankenhäuser, Gerichtsgebäude, Schulen und dergleichen bezahlt wird) ist etwa fünfmal kleiner als der sich bei einer hypothetischen 3-Prozent-Verzinsung ergebende Betrag für das Privatvermögen von Bill Gates.

Die Zahlen beziehen sich auf das Budget Lesothos (520 Millionen Dollar) im Jahr 2019 und die hypothetische 3-Prozent-Verzinsung des Vermögens von Bill Gates im selben Jahr.

Wem dieser Umstand nicht zu denken gibt, dem ist nicht zu helfen.

Vermögensparadoxon

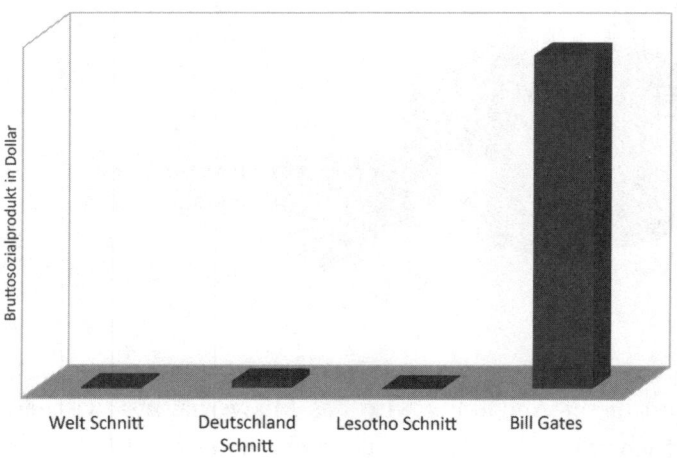

Was wir hier sehen, ist das Pro-Kopf-BSP der Welt, Deutschlands und das von Lesotho. Demgegenüber steht das »Pro-Kopf-Vermögen« von Bill Gates (Stand 2019). Der Amerikaner ist also um 500 000 Mal reicher als der durchschnittliche Deutsche, 2,5 Millionen Mal reicher als ein Weltdurchschnittsbürger und 25 Millionen Mal reicher als der durchschnittliche Einwohner von Lesotho. Gerne geben wir zu, dass dieses Schaubild den Maßgaben der Statistik nicht gerecht wird. Allein, es gibt in *Microsoft Excel* keinen Weg, das Armutsgefälle zwischen einem Einwohner von Lesotho und Bill Gates proportional korrekt darzustellen.

**Volkswirtschaftlicher Wertzuwachs in Dollar
bei 3-prozentigem Wachstum**

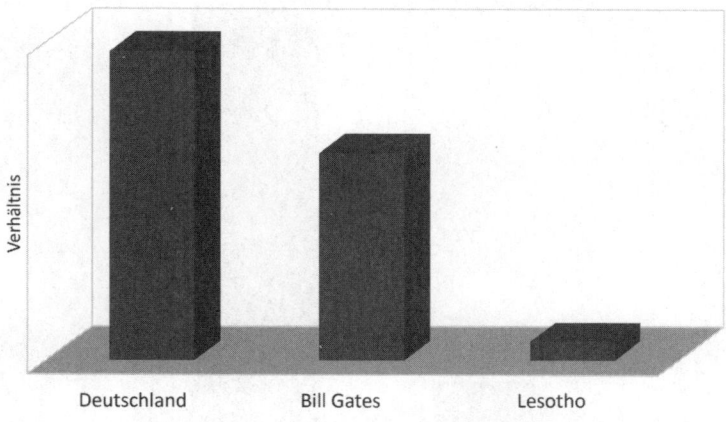

Das oben stehende Balkendiagramm verdeutlicht den jährlichen Wertzuwachs bei einem 3-prozentigen Wachstum. Wir sehen, dass die Summe aller Waren und Dienstleistungen in Deutschland nicht einmal doppelt so viel Wert ergibt wie der Vermögenszuwachs eines Milliardärs, der sich noch dazu aus dem operativen Tagesgeschäft zurückgezogen hat und quasi als Privatier sein Dasein fristet.

Landraub 1

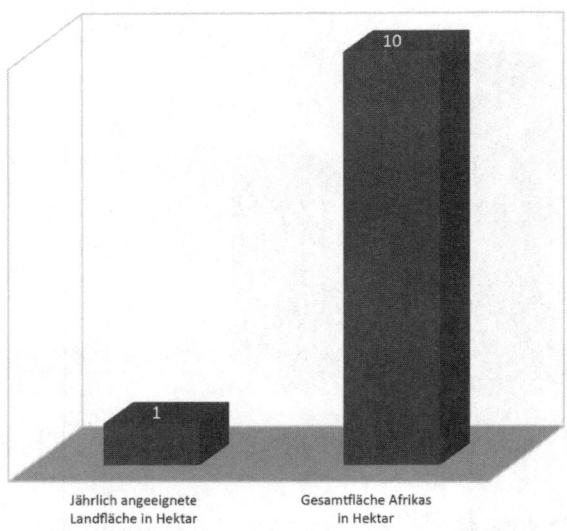

Jährlich angeeignete   Gesamtfläche Afrikas
Landfläche in Hektar   in Hektar

Wir sehen hier die Gesamtfläche Afrikas in Hektar und die jährlich von global agierenden Konzernen angeeignete Landfläche im Vergleich. Angenommen, ein Hektar afrikanischen Landes kostet 100 US-Dollar, dann entspräche der Wert der geraubten Landfläche in etwa dem BSP von Lesotho.

Hält diese Entwicklung unvermindert an, würde es weniger als 110 Jahre dauern, bis sich Gesamtafrika in Konzernbesitz befindet.

Wenn man sich die Geschwindigkeit des Landraubs anschaut, stellt sich die Frage, wer da eigentlich raubt. Gewiss nicht die afrikanischen Kleinbauern, die von der Hand in den Mund leben und den Machenschaften der Global Player ohnmächtig ausgeliefert sind.

Landraub 2

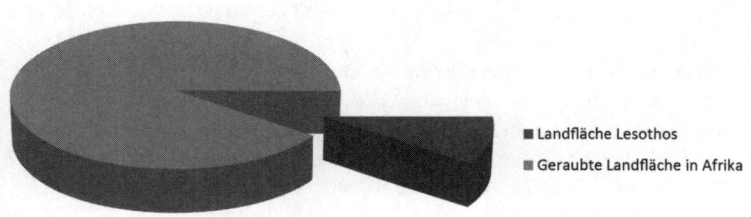

Hier sehen wir die Gesamtfläche des in Afrika geraubten Landes im Vergleich zur Fläche des Königreiches Lesotho.

Jährlich verleiben sich weltweit agierende Großkonzerne mehr als 26 000 000 Hektar afrikanischen Landes ein, ohne dass die Weltöffentlichkeit davon Kenntnis und daran Anstoß nimmt. Noch gleichgültiger ist die Welt einer unbekannten Monarchie gegenüber, die, solange sie existiert, ums Überleben kämpft. Hier ist der Grund dafür zu finden, dass diese Staaten des globalen Hinterhofs zur Spielwiese von Philanthropen werden.

Anmerkungen

1. Bill Gates explains his plan to end the coronavirus pandemic, Vox.

2. Hrsg.: Hany Besada: Governing Natural Resources for Africa's Development, Routledge 2016, S. 250 f.

3. S. Wikipedia-Eintrag »Sozialkredit-System«: *https://de.wikipedia.org/wiki/Sozialkredit-System.*

4. Gemeint sind Staaten, in denen Regierung und Eliten ihr Handeln nach Vor- und Maßgabe einer Ideologie ausrichten. Naturgemäß gehören dazu die offen revolutionären Staaten wie die frühere Sowjetunion oder Kuba unter Fidel Castro. Daneben gibt es aber noch die Möglichkeit, dass sich Personen oder ideologische Bewegungen ohne einen gewalttätigen Umsturz eines Staates bemächtigen. Hierzu gehören Hitler und der Nationalsozialismus. Nach der biederen, unauffälligen Bonner Republik handelt es sich bei deren Berliner Nachfolgerin wieder um einen Bewegungsstaat. Die Elite des bunten Deutschlands ist mehrheitlich hervorgegangen aus den verschiedensten »Anti-Bewegungen«, wie etwa der Anti-Atomkraft-, Anti-Umweltverschmutzung-, Anti-Rassismus- und Anti-Sexismus-Bewegung.

5. Dagmar von Taube: »Der Vater von Bill Gates«, Welt am Sonntag, 14.03.2004, *https://www.welt.de/print-wams/article107678/Der-Vater-von-Bill-Gates.html*

6. Bill Gates: *Der Weg nach vorn,* Hofmann und Campe 1995, S. 11.

7. Matt Rosoff: »10 Crazy Stories About Bill Gates From Paul Allen's New Book«, Businessinsider.com, 19.04.2011, *https://www.businessinsider.com/10-things-you-didnt-know-about-bill-gates-2011-4?r=DE&IR=T*

8. Divyang Prajapati: »Bill Gates Biography«, academia.eu 2011, *https://www.academia.edu/14730001/Bill_Gates_Biography_in_full_William_Henry_Gates_III_1955*

9. Dagmar von Taube: »Der Vater von Bill Gates«, *Welt am Sonntag, 14.03.2004, https://www.welt.de/print-wams/article107678/Der-Vater-von-Bill-Gates.html*

10. »Gary Kildall; His Software System Lost to Rival MS-DOS«, *Los Angeles Times, 15.07.1994, https://www.latimes.com/archives/la-xpm-1994-07-15-mn-15775-story.html*

11. Dr. Roy Schestowitz: »The Death of Gary Kildall Remains a Mystery to This Day«, TECHRIGHTS, 01.05.2020, *http://techrights.org/2020/01/05/history-canceled/*

12. Christoph Dernbach: »Microsoft-Mitbegründer Paul Allen rechnet mit Bill Gates ab«, *heise online, 31.03.2011, https://www.heise.de/newsticker/meldung/Microsoft-Mitbegruender-Paul-Allen-rechnet-mit-Bill-Gates-ab-1219283.html*

13. Katja Gloger: »Die freundlichste Heuschrecke der Welt«, *Stern 2007, https://www.stern.de/wirtschaft/geld/warren-buffett--die-freundlichste-heuschrecke-der-welt-3219758.html*

14. Katja Gloger: »Die freundlichste Heuschrecke der Welt«, *Stern* 2007, *https://www.stern.de/wirtschaft/geld/warren-buffett--die-freundlichste-heuschrecke-der-welt-3219758.html*

15. Rainer Zitelmann: »Bill Gates was an angry, difficult boss in early Microsoft days – here's why employees still liked him«, CNBC, 24.02.2020, *https://www.cnbc.com/2020/02/24/bill-gates-was-difficult-boss-in-early-microsoft-days-but-employees-still-liked-him.html*

16. Melinda Gates: *Wir sind viele, wir sind eins,* Droemer Verlag 2019, S. 18.

17. »Monster Microsoft?«, *Der Spiegel,* 16.03.1998, *https://www.spiegel.de/spiegel/print/d-7838555.html*

18. »Die Geldmaschine«, *Der Spiegel,* 20.11.1995, *https://www.spiegel.de/spiegel/print/d-9232310.html*

19. »Microsoft-Prozess: Die unendliche Geschichte«, *faz.net,* 28.06.2001, *https://www.faz.net/aktuell/wirtschaft/prozesse-microsoft-prozess-die-unendliche-geschichte-124123.html*

20. »Gates will um sein Lebenswerk kämpfen«, *Spiegel Online,* 08.06.2000, *https://www.spiegel.de/netzwelt/web/microsoft-zerschlagung-gates-will-um-sein-lebenswerk-kaempfen-a-79910.html*

21. Egbert Meyer: »US-Regierung verzichtet auf Microsoft-Zerschlagung«, *heise online,* 06.09.2001, *https://www.heise.de/newsticker/meldung/US-Regierung-verzichtet-auf-Microsoft-Zerschlagung-54532.html*

22. Wolfgang Stieler: »Richterin gestattet Demonstration von modularem Windows«, *heise online,* 08.05.02.

23. Andrea Rungg: »Steve Ballmer und die andere Ehefrau«, *Manager Magazin,* 18.10.2014, *https://www.manager-magazin.de/digitales/it/ex-microsoft-chef-steve-ballmer-ueber-sein-ende-beim-softwarekonzern-a-996549.html*

24. »Bill Gates not satisfied with Microsoft Innovation«, CBS NEWS, 18.02.2013, *https://www.cbsnews.com/news/bill-gates-not-satisfied-with-microsoft-innovation/*

25. Andrea Rungg: »Steve Ballmer und die andere Ehefrau«, *Manager Magazin,* 18.10.2014, *https://www.manager-magazin.de/digitales/it/ex-microsoft-chef-steve-ballmer-ueber-sein-ende-beim-softwarekonzern-a-996549.html*

26. Zitiert nach Nils Jacobson: »Drängte Bill Gates Ballmer zum Rücktritt?«, *Meedia,* 29.08.2013, *https://meedia.de/2013/08/29/drangte-bill-gates-ballmer-zum-rucktritt/*

27. »Monster Microsoft?«, *Der Spiegel,* 16.03.1998, *https://www.spiegel.de/spiegel/print/d-7838555.html*

28. Zitiert nach Tom Huddleston Jr.: »Bill Gates: ›I didn't even want to meet Warren Buffett‹ – but their first dinner conversation changed everything«, CNBC, 08.11.2019, *https://www.cnbc.com/2019/11/08/bill-gates-i-didnt-even-want-to-meet-warren-buffett.html*

29. Thomas Kleine-Brockhoff: »Philanthropische Republik Amerika«, *Die Zeit,* 13.07.2006, *https://www.zeit.de/2006/29/B-Stiftungen-USA*

30. Eugene V. Debs, »Crimes of Carnegie«, *https://www.marxists.org/archive/ debs/works/1901/010413-debs-crimesofcarnegie.pdf*

31. »Carnegie was ›brutal boss who exploited his workforce‹«, *THE SCOTSMAN,* 17.07.2005, *https://www.scotsman.com/news/carnegie-was-brutal-boss-who- exploited-his-workforce-2513190*

32. Les Standiford: *Meet you in Hell: Andrew Carnegie, Henry Clay Frick, and the Bitter Partnership That Transformed America,* Broadway Books 2005.

33. Rede von Bill Gates vor dem Weltwirtschaftsforum in Davos, nachzulesen auf: *https://www.gatesfoundation.org/media-center/speeches/2008/01/bill-gates- 2008-world-economic-forum*

34. Tim Schwab: »Bill Gates und seine Wohltätigkeit – ein Blick hinter die Kulissen«, Naturstoff-Medizin.de, 30.04.2020, *https://www.naturstoff-medizin. de/artikel/bill-gates-und-seine-wohltaetigkeit-ein-blick-hinter-die- kulissen/#sources-and-references*

35. Melinda Gates: *Wir sind viele, wir sind eins,* Droemer Verlag 2019, S. 24.

36. »Gated Development – Is the Gates Foundation always a force for good?«, Globaljustice.org, Juni 2016, S. 7, *https://www.globaljustice.org.uk/sites/default/ files/files/resources/gjn_gates_report_june_2016_web_final_version_2.pdf*

37. Ebd.

38. Patrick Spät: »Zwischen Schein und Sein«, *Telepolis,* 31.01.2016, *https://www. heise.de/tp/features/Bill-Gates-zwischen-Schein-und-Sein-3378037.html*

39. Tim Schwab: »Bill Gates und seine Wohltätigkeit – ein Blick hinter die Kulissen«, Naturstoff-Medizin.de, 30.04.2020, *https://www.naturstoff-medizin. de/artikel/bill-gates-und-seine-wohltaetigkeit-ein-blick-hinter-die-kulissen/ #sources-and-references*

40. Linsey McGoey: »The Philanthrophy Hustle«, *Jacobin Magazine,* 11.10.2015, *https://www.jacobinmag.com/2015/11/philanthropy-charity-banga-carnegie- gates-foundation-development*

41. Tim Schwab: »Bill Gates und seine Wohltätigkeit – ein Blick hinter die Kulis- sen«, Naturstoff-Medizin.de, 30.04.2020, *https://www.naturstoff-medizin.de/ artikel/bill-gates-und-seine-wohltaetigkeit-ein-blick-hinter-die-kulissen/ #sources-and-references*

42. Neil Tweedie: »Interview with Bill Gates. I have no use for money. This ist God's work«, *Telegraph,* 18.01.2013, *https://www.telegraph.co.uk/technology/ bill-gates/9812672/Bill-Gates-interview-I-have-no-use-for-money.-This-is- Gods-work.html*

43. Daniel Schurter: »Bill Gates hat Angst um seine Milliarden – und zeigt sein wahres Gesicht«, Watson, 12.11.2019, *https://www.watson.ch/!283961098*

44. Morgan Baskin: »Bill Gates Is Worrying About Living on $7 Billion. Millennials Have Some Thoughts About That.«, VICE News, 07.11.2019, *https://www.vice.com/en_us/article/qvg5yd/bill-gates-is-worried-about-living- on-doll ar7-billion-millennials-have-some-thoughts-about-that*

45. Peter Clausing: »Bill Gates in Afrika«, welt-ernaehrung.de, 19.08.2013, *https://www.welt-ernaehrung.de/2013/08/19/bill-gates-in-afrika/*
46. Ebd.
47. »Gated Development: Is the Gates Foundation always a force of good?«, Globaljustice.org, Juni 2016, S. 23, *https://www.globaljustice.org.uk/sites/default/files/files/resources/gjn_gates_report_june_2016_web_final_version_2.pdf*
48. »Sam Dryden: the most powerful figure in the global south's agriculture?«, *The Guardian*, *https://www.theguardian.com/global-development/2012/jul/06/sam-dryden-global-south-agriculture*
49. Patrick Spät: »Bill Gates zwischen Schein und Sein«, *Telepolis*, 31.01.2016, *https://www.heise.de/tp/features/Bill-Gates-zwischen-Schein-und-Sein-3378037.html*
50. Vandana Shiva: »Internationaler Report zur Freiheit des Saatguts: Was auf dem Spiel steht«, *https://www.saveourseeds.org/fileadmin/files/SOS/20121018_report_seedfreedom_intro_Deutsch.pdf*
51. Philip McMichael: »Value chain and debt relations: contradictory outcomes«, in: *Third World Quarterly* 34, 2013, S. 671–690, zitiert nach Peter Clausing: »Bill Gates in Afrika«, welt-ernaehrung.de, 19.08.2013, *https://www.welt-ernaehrung.de/2013/08/19/bill-gates-in-afrika/*
52. Philip McMichael: »Value chain and debt relations: contradictory outcomes«, *Third World Quarterly* 34, 2013, S. 671–690, zitiert nach Peter Clausing: »Bill Gates in Afrika«, welt-ernaehrung.de, 19.08.2013, *https://www.welt-ernaehrung.de/2013/08/19/bill-gates-in-afrika/*
53. Carol B. Thompson: »Alliance for a Green Revolution in Africa (AGRA): Advancing the theft of African genetic wealth«, *Review of African Political Economy* 39, Juni 2012, S. 345–350, zitiert nach Peter Clausing: »Bill Gates in Afrika«, welt-ernaehrung.de, 19.08.2013, *https://www.welt-ernaehrung.de/2013/08/19/bill-gates-in-afrika/*
54. Kyle F. Davis, Paolo D'Odorico, Maria Cristina Rulli: »Land grabbing: a preliminary quantification of economic impacts of rural livelihoods«, global-agriculture.org, 2014, *https://www.globalagriculture.org/fileadmin/files/weltagrarbericht/GlobalAgriculture/EconomicCosts2014.pdf*
55. »Gated Development: Is the Gates Foundation always a force of good?«, Globaljustice.org, Juni 2016, S. 20, *https://www.globaljustice.org.uk/sites/default/files/files/resources/gjn_gates_report_june_2016_web_final_version_2.pdf*
56. »Gated Development: Is the Gates Foundation always a force of good?«, Globaljustice.org, Juni 2016, S. 20, *https://www.globaljustice.org.uk/sites/default/files/files/resources/gjn_gates_report_june_2016_web_final_version_2.pdf*
57. Patrick Spät: »Zwischen Schein und Sein«, *Telepolis*, 31.01.2016, *https://www.heise.de/tp/features/Bill-Gates-zwischen-Schein-und-Sein-3378037.html*
58. Melinda Gates: *Wir sind viele, wir sind eins*, Droemer Verlag 2019, S. 26.
59. Eric Wagner: »Der Impfaktivismus der Gates-Stiftung«, *Multipolar-Magazin*, 16.04.2020, *https://multipolar-magazin.de/artikel/der-impfaktivismus-der-gates-stiftung*

60. Jakob Simmank: »Der heimliche WHO-Chef heißt Bill Gates«, *Zeit Online*, 04.04.2017, *https://www.zeit.de/wissen/gesundheit/2017-03/ who-unabhaengigkeit-bill-gates-film/komplettansicht*

61. Patrick Spät: »Zwischen Schein und Sein«, *Telepolis*, 31.01.2016, *https://www. heise.de/tp/features/Bill-Gates-zwischen-Schein-und-Sein-3378037.html*

62. Eric Wagner: »Der Impfaktivismus der Gates-Stiftung«, *Multipolar-Magazin*, 16.04.2020, *https://multipolar-magazin.de/artikel/der-impfaktivismus-der-gates-stiftung*

63. Ebd.

64. Patrick Spät: »Bill Gates zwischen Schein und Sein«, Telepolis, 31.01.2016, *https://www.heise.de/tp/features/Bill-Gates-zwischen-Schein-und-Sein-3378037.html?seite=all*

65. »The Event 201 Scenario«, *https://www.centerforhealthsecurity.org/event201/ scenario.html*

66. Jakob Simmank: »Der heimliche WHO-Chef heißt Bill Gates«, *Zeit Online*, 04.04.2017, *https://www.zeit.de/wissen/gesundheit/2017-03/who-unabhaengigkeit-bill-gates-film/komplettansicht*

67. Jose Hermosa: »Robert F. Kennedy Jr. answers Bill Gates on the dangers of mandatory CCP Virus vaccine«, *TheBL*, 10.04.2020, *https://thebl.com/us-news/ robert-f-kennedy-jr-answers-bill-gates-on-the-dangers-of-a-mandatory-ccp-virus-vaccine.html*

68. Nicola Kuhrt: »Erst der Test, dann die Moral – klinische Studien in Indien«, Spiegel Online, 09.05.2020, *https://www.spiegel.de/wissenschaft/medizin/ klinische-studien-indien-ist-paradies-fuer-pharma-konzerne-a-832012.html*

69. »Indien verbannt Bill and Melinda Gates Stiftung wegen Interessenkonflikt durch Pharmakonzerne«, 25.04.2017, *https://netzfrauen.org/2017/04/25/gates/*

70. Charles Piller, Doug Smith: »Unintended victims«, *Los Angeles Times*, 16.12.2007, *https://www.latimes.com/archives/la-xpm-2007-dec-16-na-gates16-story.html*

71. Marcus Licinius Crassus: »Wie die erste Feuerwehr der Geschichte ihren Gründer unermesslich reich machte«, finanzen100.de, 17.10.2017, *https:// www.finanzen100.de/finanznachrichten/wirtschaft/marcus-licinius-crassus-wie-die-erste-feuerwehr-der-geschichte-ihren-gruender-unermesslich-reich-machte_ H1083277817_491018/*

72. Rasha B. Foda: »Competition is a sin! – John D. Rockefeller«, Shareverything. com, 03.05.2015, *https://shareverything.com/2015/05/03/competition-is-a-sin-john-d-rockefeller/*

73. Carole L. Jurkiewitz, Murphy J. Painter: »Social and Economic Control of Alcohol: The 21st Amendment in the 21st Century«, Routledge 2007, S. 99ff.

74. Grant Segall: *John D. Rockefeller: Anointed with Oil*, Oxford University Press 2001.

75. Gregory Dehler: *https://www.britannica.com/event/Ludlow-Massacre*

76. Gregory Dehler: *https://www.britannica.com/event/Ludlow-Massacre*

77. *https://www.pbs.org/wgbh/americanexperience/features/rockefellers-ludlow/*

78. So bewertet Eberhard von Brauchitsch, Manager des Flick-Konzerns und zentrale Figur im Parteispendenskandal, die Zahlungen.

79. Willi Winkler: »Rezept für einen sauberen Totenkopf«, *Süddeutsche Online*, 30.10.2011, *https://www.sueddeutsche.de/medien/kongo-mueller-auf-arte-rezept-fuer-einen-sauberen-totenkopf-1.1176259*

80. Richard Barbrook, Andy Cameron: »Die kalifornische Ideologie«, *Telepolis*, 05.02.1997, *https://www.heise.de/tp/features/Die-kalifornische-Ideologie-3229213.html*

81. Michael Hardt, Antonio Negri: *Empire*, Campus Verlag 2000, S. 225.

82. Bill Gates: *Der Weg nach vorn*, Hoffmann und Campe 1995, S. 379.

83. Olivia Goldhill: *https://qz.com/1144504/the-world-is-relying-on-a-flawed-psychological-test-to-fight-racism/*

84. James Damore: *https://assets.documentcloud.org/documents/3914586/Googles-Ideological-Echo-Chamber.pdf*

85. Natasha Mathur: *https://hub.packtpub.com/google-employees-plan-a-walkout-to-protest-against-the-companys-response-to-recent-reports-of-sexual-misconduct/* oder Megan Rose Dickey: *https://techcrunch.com/2019/04/11/google-loses-its-chief-diversity-officer/*

86. Sarah Emerson, Louise Matsakis: »Google on Anti-Diversity Manifesto: Employees Must ›Feel Safe Sharing Their Opinions‹«, VICE.com, 06.08.2017, *https://web.archive.org/web/20170808025324/https://motherboard.vice.com/amp/en_us/article/vbv54d/google-on-anti-diversity-manifesto-employees-must-feel-safe-sharing-their-opinions*

87. *https://www.youtube.com/watch?v=JaF-fq2Zn7I&feature=youtu.be&t=237*

88. *https://engage.smu.edu.sg/jack-dorsey-technology-better-world*

89. *https://www.internetlivestats.com/one-second/#tweets-band*

90. Catherine Clifford: *https://www.cnbc.com/2019/04/08/twitter-and-square-ceo-jack-dorsey-on-his-personal-wellness-habits.html*

91. *https://www.youtube.com/watch?v=_mP9OmOFxc4*

92. John C. Burnham: »Psychiatry, Psychology and the Progressive Movement«, *American Quarterly* 12, 1960, S. 457–465, *https://www.jstor.org/stable/2710328?seq=1*

93. Aktuell gewährt der Heilige Stuhl den »Gläubigen, die an Covid-19 – allgemein Coronavirus genannt – erkrankt sind, sowie den Mitarbeitern des Gesundheitswesens, den Familienangehörigen und all jenen, die in irgendeiner Weise, auch durch das Gebet, für sie Sorge tragen … das Geschenk besonderer Ablässe …«, *http://www.vatican.va/roman_curia/tribunals/apost_penit/documents/rc_trib_appen_pro_20200319_decreto-speciali-indulgenze_ge.html*

94. Cheryl Strayed, Steve Almond: »How Can I Cure My White Guilt?«, *New York Times*, 14.08.2018, *https://www.nytimes.com/2018/08/14/style/white-guilt-privilege.html*

95. »Hier wird in zwei Grundrechte eingegriffen«, rbb24, 20.04.2020, *https://www.rbb24.de/politik/thema/2020/coronavirus/beitraege_neu/2020/04/volksbuehne-demo-versammlungsfreiheit-gg-polizei-berlin.html*

96. »Bis zu 300 Menschen versammeln sich vor Berliner Moschee«, rbb24, 03.04.2020, *https://www.rbb24.de/panorama/thema/2020/coronavirus/beitraege_neu/2020/04/berlin-moschee-300-menschen-freitagsgebet-kontaktverbot.html*

97. Bill Gates: *Der Weg nach vorn*, Hoffmann und Campe 1995, S. 377.

98. »Bill Gates lobt die Kanzlerin: ›Die Deutschen dürfen sehr stolz sein‹«, *Kölnische Rundschau*, 16.09.2016, *https://www.rundschau-online.de/news/politik/bill-gates-lobt-kanzlerin-merkel--die-deutschen-duerfen-sehr-stolz-sein--24754810*

99. CDU-Generalsekretär Peter Tauber im November 2015 über CDU-Mitglieder, die nicht für Merkel seien.

100. Als ein solches bezeichnet Elmar Brok, CDU-Urgestein und überzeugter Merkelianer, im Februar 2020 die »Werteunion«.

101. S. *Wikipedia: https://de.wikipedia.org/wiki/Kulturrevolution*

102. S. *Wikipedia: https://de.wikipedia.org/wiki/Gro%C3%9Fer_Sprung_nach_vorn*

103. Bill Gates: »Vollgepackte 36 Stunden in Berlin«, *https://www.gatesnotes.com/About-Bill-Gates/36-Stunden-in-Berlin*

104. Volker Hagen Walz: *https://www.baks.bund.de/sites/baks010/files/2015_ausgabe_6_thesenpapier_sicherheitspolitik.pdf*

105. Volker Hagen Walz: *https://www.baks.bund.de/sites/baks010/files/2015_ausgabe_6_thesenpapier_sicherheitspolitik.pdf*

106. *https://www.baks.bund.de/de/die-baks/auftrag-und-aufgaben-der-bundesakademie-fuer-sicherheitspolitik*

107. Uwe Proll: *https://www.behoerden-spiegel.de/2020/01/08/die-crux-mit-der-souveraenitaet/*

108. Tobias Regenfuß, Frank Riemensperger, Svenja Falk: *https://www.computerwoche.de/a/gaia-x-und-die-public-cloud,3548425#:~:text=Digitale%20Souver%C3%A4nit%C3%A4t%20ist%20ein%20wichtiges,auch%20europ%C3%A4ischer%20Politiker%20und%20Unternehmen.&text=Europ%C3%A4ische%20Unternehmen%20befinden%20sich%20im,dem%20Bed%C3%BCrfnis%20nach%20digitaler%20Souver%C3%A4nit%C3%A4t*

109. Andrew Clark: *https://www.theguardian.com/technology/2010/aug/04/us-billionaires-half-fortune-gates#maincontent*

110. Edwin Black: War Against the Weak: Eugenics and America's Campaign to Create a Master Race, Basic Books 2004.

111. Edwin Black: *https://www.sfgate.com/opinion/article/Eugenics-and-the-Nazis-the-California-2549771.php*

112. Edwin Black: *https://www.sfgate.com/opinion/article/Eugenics-and-the-Nazis-the-California-2549771.php*

113. Edwin Black: *https://www.sfgate.com/opinion/article/
Eugenics-and-the-Nazis-the-California-2549771.php*
114. *https://www.sfgate.com/opinion/article/
Eugenics-and-the-Nazis-the-California-2549771.php*
115. Edwin Black: *https://www.sfgate.com/opinion/article/
Eugenics-and-the-Nazis-the-California-2549771.php*
116. Edwin Black: *https://www.sfgate.com/opinion/article/
Eugenics-and-the-Nazis-the-California-2549771.php*
117. Dirk Blasius: »Die ›Maskerade des Bösen‹. Psychiatrische Forschung in der
NS-Zeit«, in: Norbert Frei (Hrsg.): *Medizin und Gesundheitspolitik in der NS-
Zeit*, Oldenbourg Verlag 1991, S. 272.
118. Mary Anne Dion: *https://www.courierherald.com/letters/
hitler-the-ku-klux-klan-and-margaret-sanger/*
119. John J. Conley: »Margaret Sanger was an eugenicist. Why are we still
celebrating her?« *America – The Jesuit Review*, 27.11.2017,
*https://www.americamagazine.org/politics-society/2017/11/27/margaret-sanger-
was-eugenicist-why-are-we-still-celebrating-her*
120. *https://www.nyu.edu/projects/sanger/articles/sanger-hitler_equation.php*
121. In Deutschland ist heute die »Deutsche Gesellschaft für Familienplanung,
Sexualpädagogik und Sexualberatung e. V.«, besser bekannt als pro familia,
Teil dieser Föderation. Wer die Aktivitäten dieser Organisation kennt, der
weiß, dass es ihr weniger um Geburtenregulierung, dafür aber umso mehr
um Geburtenverhinderung geht.
https://www.profamilia.de/pro-familia/der-verband.html
122. »Transcript: Bill Moyers Interviews Bill Gates«, 05.09.2003,
https://www.pbs.org/now/transcript/transcript_gates.html
123. Adolph Blanqui: *Geschichte der politischen Ökonomie in Europa*, 2. Band,
Verlag Detlev Auvermann KG 1971.
124. »Bill Gates über Corona-Impfstoff«, *Tagesthemen* vom 12.04.2010,
https://www.youtube.com/watch?v=083VjebhzgI
125. John Oller, Christopher Shaw, Lucija Tomljenovic, Stephen Karanja, Wahome
Ngare, Felicia Clement, Jamie Pillette: *https://www.researchgate.net/
publication/320641479_HCG_Found_in_WHO_Tetanus_Vaccine_in_Kenya_
Raises_Concern_in_the_Developing_World*
126. Eric Wagner: »Der Impfaktivismus der Gates-Stiftung«, *Multipolar-Magazin*,
16.04.2020, *https://multipolar-magazin.de/artikel/der-impfaktivismus-der-gates-
stiftung*
127. Vicci Tallis: Feminisms, HIV and AIDS – Subverting Power, Reducing Vulne-
rability, Palgrave Macmillan UK 2012.
128. »Ja, ich will – und du?«, *Der Spiegel*, 01.07.2018,
*https://www.spiegel.de/politik/ausland/neues-gesetz-in-schweden-sex-nur-
noch-nach-einverstaendnis-a-1216012.html*

129. *https://www.faz.net/aktuell/wirtschaft/mehrheit-der-deutschen-will-werbeverbot-fuer-tabak-und-alkohol-16058888.html#:~:text=Die%20Mehr-heit%20der%20Deutschen%20ist,Werbeverbot%20f%C3%BCr%20Tabak%20und%20Alkohol.&text=F%C3%BCr%20Tabak%20bef%C3%BCrworten%20dies%2075,Befragt%20wurden%20vom%204*

130. Lisa Ulrich-Gödel: *https://www.news.at/a/bill-gates-im-visier-verschwoerungstheoretiker-11482361*

131. WHO-Bulletin: »Immunization programmes and notifications of vital events«, *https://www.who.int/bulletin/volumes/97/4/18-210807/en/*

132. *https://id4d.worldbank.org/about-us*

133. Eric Wagner: »Über Impfstoffe zur digitalen Identität?«, *Telepolis*, 01.05.2020, *https://www.heise.de/tp/features/Ueber-Impfstoffe-zur-digitalen-Identitaet-4713041.html?seite=all*

134. *ttps://id2020.org/digital-identity*

135. *https://healthcare-in-europe.com/de/news/der-impfpass-der-zukunft-geht-unter-die-haut.html*

136. *https://www.amnesty.de/alle-30-artikel-der-allgemeinen-erklaerung-der-menschenrechte*

137. Eric Wagner: »Über Impfstoffe zur digitalen Identität?«, *Telepolis*, 01.05.2020, *https://www.heise.de/tp/features/Ueber-Impfstoffe-zur-digitalen-Identitaet-4713041.html?seite=all*

138. *https://www.globenewswire.com/news-release/2018/09/14/1571269/0/en/Everest-ID2020-and-the-Government-of-Indonesia-TNP2K-Secretariat-Announce-Innovative-Identity-and-Blockchain-Pilot-Solution-to-Enhance-the-National-LPG-Subsidy-Program.html*

139. *https://www.prnewswire.com/news-releases/id2020-alliance-launches-digital-id-program-with-government-of-bangladesh-and-gavi-announces-new-partners-at-annual-summit-300921926.html*

140. Seth Berkley: *https://www.nature.com/articles/d41586-017-05923-8*

141. Ebd.

142. Roland Steinacher: »Was ist ein Barbar?«, Spektrum.de, 10.03.2015, *https://www.spektrum.de/magazin/was-ist-ein-barbar/1332050*

143. »Zum Glück ist das ›deutsche Volk‹ sehr divers – und deshalb wünschen wir uns auch bei unseren Mitarbeiter*innen so viel Diversität wie möglich.« So lautet ein Tweet des Außenministeriums am 26.05.2020.

144. Elmar Brok in einem *WELT*-Interview: »Werteunion – Krebsgeschwür darf nicht in die Partei hineinkriechen«, *https://www.youtube.com/watch?v=G0NXqIQjaQU*

145. Claudia Becker: »Der Hitler-Code auf dem Kinderkarussell«, *WELT Online*, 09.12.2016, *https://www.welt.de/vermischtes/article160149680/Der-Hitler-Code-auf-dem-Kinderkarussell.html*

146. Für einen Blick in die Welt dieses Wahnsinns sei der Text »White Supremacy, Anti-Black Racism, and Mathematics Education: Local and Global Perspecti-

ves« von Luz Valoyes-Chávez, Danny B. Martin, Joi Spencer and Paola Valero empfohlen. Erschienen in *Proceedings of the 13th International Congress on Mathematical Educatio*, Hrsg.: Gabriele Kaiser, Springer, 2017, *https://link.springer.com/book/10.1007/978-3-319-62597-3*

147. »Regierungskommunikation: Aufregung über kolportierte Angststrategie«, ORF.at, *https://orf.at/stories/3163480/*
Florian, Reiter: »Internes Papier aus Innenministerium empfahl, den Deutschen Corona-Angst zu machen«, *FOCUS Online*, 11.04.2020, *https://www.focus.de/politik/deutschland/aus-dem-innenministerium-wie-sag-ichs-den-leuten-internes-papier-empfiehlt-den-deutschen-angst-zu-machen_id_11851227.html*

148. Philipp Oehmke: »Die Zeit der Neutralität ist vorbei«, *Spiegel Online*, 11.06.2020, *https://www.spiegel.de/kultur/new-york-times-die-zeit-der-neutralitaet-ist-vorbei-a-5ccaa4e4-eca2-4a2e-b2d7-22e6a484f8ce*

149. Bill Gates in den *Tagesthemen* vom 12.04.2020, *https://www.tagesschau.de/ausland/gates-corona-101.html*

150. Melinda Gates: *Wir sind viele, wir sind eins*, Droemer 2019, S. 30.

151. Tom Embury-Dennis: h*ttps://www.independent.co.uk/news/world/americas/donald-trump-abortion-funding-ban-bill-gates-mexico-city-rule-global-gag-a7579371.html*

152. Tom Embury-Dennis: *https://www.independent.co.uk/news/world/americas/donald-trump-abortion-funding-ban-bill-gates-mexico-city-rule-global-gag-a7579371.html*

153. Alice Schroeder: *Warren Buffett – das Leben ist wie ein Schneeball*, FinanzBuch Verlag 2008, S. 752.

154. Katie Yoder: *https://www.mrc.org/articles/warren-buffett-billion-dollar-king-abortion*

155. L. A. ›Tony‹ Kovach: *https://www.manufacturedhomepronews.com/masthead/the-party-is-over-so-whats-next/*

156. *https://www.theguardian.com/world/2013/may/13/kermit-gosnell-found-guilty-murder*

157. Katie Yoder: *https://www.mrc.org/articles/warren-buffett-billion-dollar-king-abortion*

158. *https://www.guttmacher.org/evidence-you-can-use/later-abortion*

159. *https://www.guttmacher.org/evidence-you-can-use/later-abortion*

160. *https://www.influencewatch.org/non-profit/susan-thompson-buffett-foundation/*

161. *https://www.nationalreview.com/2020/01/virginia-legislature-moves-to-liberalize-abortion-laws/*

162. *https://www.bbc.com/news/world-us-canada-47066307*

163. Alexandra DeSanctis: *https://www.nationalreview.com/2020/01/virginia-legislature-moves-to-liberalize-abortion-laws/*

164. Lena Jakat: »Warum sollte ein Baby leben?«,
Süddeutsche Zeitung, 06.03.2012, *https://www.sueddeutsche.de/leben/*
artikel-ueber-kindstoetung-ethiker-fordern-post-natale-abtreibung-1.1300098

165. Zitiert nach:
https://www.spektrum.de/news/die-kinder-und-der-klimaschutz/ 1629194

166. Waltraud Schwab:
https://taz.de/Debatte-Sprache-und-Paragraph-219a/!5568971/

167. M. Shahbandeh: *https://www.statista.com/statistics/509679/*
value-of-the-global-anti-aging-market/

168. Amy Watson:
https://www.statista.com/statistics/271856/global-box-office-revenue/

169. OECD Science, Technology and Industry Scoreboard 2015

170. David Lazarus: *https://www.latimes.com/business/lazarus/la-fi-lazarus-*
fda-vampires-using-the-blood-of-the-young-20190219-story.html

171. Erin Brodwin: *https://www.businessinsider.com/*
young-blood-transfusions-ambrosia-shut-down-2019-6?IR=T

172. S. *Wikipedia*-Eintrag »Adrenochrom«,
https://de.wikipedia.org/wiki/Adrenochrom

173. Harold D. Foster: The Adrenochrome Alternative *https://isom.ca/wp-content/*
uploads/2020/02/JOM_2007_22_4_05_The_Adrenochrome_Alternative.pdf

174. Hoffer A.: Orthomolecular Treatment For Schizophrenia:
Megavitamin Supplements of Nutritional Strategies for Healing and Recovery,
Los Angeles: Keats Publishing 1999.

175. *https://www.chemie.de/lexikon/Adrenochrom.html*

176. *https://www.mentalhelp.net/schizophrenia/statistics /*

177. Harold D. Foster: »The Adrenochrome Alternative«,
Journal of Orthomolecular Medicine, Dezember 2007, S. 193–201.

178. *https://nationalpost.com/life/fashion-beauty/*
why-the-wealthy-believe-the-fountain-of-youth-flows-with-blood-and-are-
spending-thousands-to-satiate-their-lust

179. »Bill Gates verrät seine größte Angst«, futurezone.at, 30.08.2019, *https://*
futurezone.at/digital-life/bill-gates-verraet-seine-groesste-angst/400591349

180. Anna Rothenfluh: *https://www.watson.ch/wissen/frauen%20der%20*
geschichte/943620886-blutgraefin-b-thory-die-ungarische-serienmoerderin

181. Ben Widdicombe: *https://www.townandcountrymag.com/society/a28340797/*
jeffrey-epstein-townhouse-upper-east-side/

182. Ben Widdicombe: *https://www.townandcountrymag.com/society/a28340797/*
jeffrey-epstein-townhouse-upper-east-side/

183. *https://www.bbc.com/news/world-us-canada-51128037*

184. *https://www.bbc.com/news/world-us-canada-51128037*

185. Rosie Perper: *https://www.businessinsider.com/report-jeffrey-epstein-visited-*
white-house-under-bill-clinton-2019-7?IR=T

186. Jared Harris: *https://www.westernjournal.com/abcs-ruthless-mole-hunt-employee-leaked-epstein-bombshell-exposed-chilling-report/*

187. Emily Flitter, James B. Stewart: *https://www.nytimes.com/2019/10/12/business/jeffrey-epstein-bill-gates.html*

188. Katie Benner, Danielle Ivory, Christina Goldbaum, Ashley Southall: »Before Jail Suicide, Jeffrey Epstein Was Left Alone and Not Closely Monitored«, *New York Times, https://www.nytimes.com/2019/08/11/nyregion/epstein-death-manhattan-correctional-center.html*
Mark Hosenball: »FBI studies two broken cameras outside cell where Epstein died«, *Reuters, https://www.reuters.com/article/us-people-jeffrey-epstein-cameras/fbi-studies-two-broken-cameras-outside-cell-where-epstein-died-source-idUSKCN1VI2LC*

189. Adam Gabbatt: *https://www.theguardian.com/technology/2019/feb/22/silicon-valley-immortality-blood-infusion-gene-therapy*

190. *https://www.scitechnol.com/peer-review/use-of-fetal-stem-cells-for-antiaging-and-rejuvenation-therapy-Sno1.php?article_id=6380*

191. *https://de.wikipedia.org/wiki/Stammzelle*

192. *https://www.cirm.ca.gov/patients/power-stem-cells*

193. *https://stemcellstransplantinstitute.com/los-angeles-california/*

194. *https://rmiclinic.com/about/dr-neil-riordan/*

195. *https://www.scitechnol.com/peer-review/use-of-fetal-stem-cells-for-antiaging-and-rejuvenation-therapy-Sno1.php?article_id=6380*

196. Sarah Rankin: *https://www.whsv.com/content/news/Virginia-Dawmakers-pass-bills-easing-abortion-restrictions-568253911.html*

197. Caroline Kelly: *https://edition.cnn.com/2020/04/10/politics/virginia-abortion-protections/index.html*

198. *https://www.nanopartikel.info/haeufige-fragen/440-wie-gross-ist-ein-nanometer*

199. *https://www.scinexx.de/news/biowissen/nano-einrad-aus-dna-konstruiert/*

200. Ebd.

201. Ebd.

202. Barbara Knapp: *https://www.spektrum.de/news/nanomaschinen-gehen-den-naechsten-schritt/1440931*

203. Andrew Tarantola: *https://www.engadget.com/2015-10-08-dna-nanomachine-detects-hiv-antibodies-in-minutes-not-hours.html?guce_referrer=aHR0cHM6Ly9 3d3cuZ29vZ2xlLmNvbS8&guce_referrer_sig=AQAAAHk4SLxCyTN2y3mtBX-WoUjgbsAYKH8n4DqtpTEZikcpb0LnFwMbFMew2cm6x6sqUp4EC-99Ouqg-0FaeGT-7l3f_d6psDg5qluV8UdTMd57-LlbljgsLzvW_cMrA7V2CSl6aFZtuZksP qmrJxwgQ0dO2T9YgiMgc67OGH3u4RWHmQ&guccounter=2*

204. Thomas E. Mallouk, Ayusman Sen: *https://www.spektrum.de/magazin/motoren-fuer-nanoroboter/1023395*

205. Andrew Tarantola: *https://www.engadget.com/2015-10-08-dna-nanomachine-detects-hiv-antibodies-in-minutes-not-hours.html?guce_referrer=aHR0cHM6Ly9*

3d3cuZ29vZ2xlLmNvbS8&-guce_referrer_sig=AQAAAHk4SLxCyTN2y3mtBX
WoUjgbsAYKH8n4DqtpTEZikcpb0LnFwMbFMew2cm6x6sqUp4EC-99Ouqg
0FaeGT-7l3f_d6psDg5qluV8UdTMd57-LlbljgsLzvW_cMrA7V2CSl6aFZtuZksP
qmrJxwgQ0dO2T9YgiMgc67OGH3u4RWHmQ&-guccounter=2

206. IBM heißt erst seit 1924 IBM. Zuvor, also auch zum Zeitpunkt des Kaufs der DEHOMAG, firmiert die Firma unter dem Namen: Computing-Tabulating-Recording Company.

207. Generell zur Übersicht empfohlen sei hier: Götz Aly, Karl Heinz Roth: *Die restlose Erfassung*. Spezifisch zu den Zahlen: Interview mit Edwin Black in der *Computerwoche*: *https://www.computerwoche.de/a/ibm-und-der-holocaust-war-watson-einer-der-groessten-verbrecher,559460*

208. *https://www.gatesfoundation.org/Media-Center/Press-Releases/2010/12/Global-Health-Leaders-Launch-Decade-of-Vaccines-Collaboration*

209. *https://www.spiegel.de/politik/deutschland/mehr-rechtsextreme-horst-seehofer-und-thomas-haldenwang-praesentieren-verfassungsschutzbericht-a-7f972094-15b7-4ed8-8b33-9acea048189b*

210. Sarah Frankel:
https://tedxsydney.com/idea/how-ideas-spread-debating-the-virus-analogy/

211. Adrianne Galang:
https://www.researchgate.net/publication/236270654_The_Mental_Virus

212. Hrsg. Helmut Anheier, Stefan Toepler:
International Encyc-lopedia of Civil Society, Springer-Verlag 2010, S. 706

213. *https://www.welt.de/politik/article193977845/Deutsche-sehen-Meinungsfreiheit-in-der-Oeffentlichkeit-eingeschraenkt.html*

214. Michael Bauchmüller, Stefan Braun: »Bill Gates: ›Den täglichen Tod nehmen wir nicht wahr‹«, *Süddeutsche Zeitung*, 28.01.2015,
https://www.sueddeutsche.de/wirtschaft/bill-gates-im-interview-den-taeglichen-tod-nehmen-wir-nicht-wahr-1.2324164

215. »Bill Gates lobt die Kanzlerin: ›Die Deutschen dürfen sehr stolz sein‹«, *Kölnische Rundschau*, 16.09.2016, *https://www.rundschau-online.de/news/politik/bill-gates-lobt-kanzlerin-merkel--die-deutschen-duerfen-sehr-stolz-sein--24754810*

216. Ernst Moritz Arndt: »Der Gott, der Eisen wachsen ließ«.

217. Deutscher Sprach- und Literaturwissenschaftler.

218. Dt.: »Der Staat bin ich!«

Register